Studien-Arbeiten

ein Leitfaden zur Vorbereitung, Durchführung und Betreuung von Studien-, Diplom-, Abschluss und Doktorarbeiten am Beispiel Informatik

Prof. Marcus Deininger
Hochschule für Technik Stuttgart

Prof. Horst Lichter
RWTH Aachen

Prof. Dr. Jochen Ludewig
Universität Stuttgart

Prof. Kurt Schneider
Universität Hannover

v/d/f vdf Hochschulverlag AG an der ETH Zürich

Bibliografische Information Der Deutschen Bibliothek
Die Deutsche Bibliothek verzeichnet diese Publikation in der Deutschen Nationalbibliografie; detaillierte bibliografische Daten sind im Internet über http://dnb.ddb.de abrufbar.

1. Auflage 1992
2., durchgesehene Auflage 1993
3., überarbeitete und erweiterte Auflage 1996
4., überarbeitete Auflage 2002
5., überarbeitete Auflage 2005

ISBN 3 7281 3012 5

Vorwort zur 1. Auflage

Dieser Leitfaden ist als Skriptum des Kolloquiums „Wissenschaftliches Arbeiten" entstanden. Das Kolloquium wird auf Anregung der Fachschaft Informatik seit 1990 an der Universität Stuttgart regelmäßig abgehalten. Planung und Durchführung liegen bei der Abteilung (oder nach anderem Sprachgebrauch bei dem Lehrstuhl) Software Engineering, wo die vier Autoren arbeiten.

Dass gerade unsere Abteilung diese Aufgabe übernommen hat, war kein Zufall: Für die Bearbeitung eines technisch-wissenschaftlichen Textes (z.B. einer Diplomarbeit) gelten ähnliche Regeln wie für die Bearbeitung einer Software-Komponente: In beiden Fällen geht es um Information, für die gewisse Eigenschaften wie Korrektheit, Lesbarkeit, Strukturiertheit usw. angestrebt werden.

Dieser Schrift liegen die Erfahrungen in der Fakultät Informatik zugrunde, und so stammen auch die Beispiele aus diesem Gebiet. Aber die Unterschiede gegenüber anderen technischen Disziplinen sind marginal, so dass sich auch Studierende benachbarter Fächer, vor allem der Ingenieur- und der Naturwissenschaften, beim Lesen nicht fremd fühlen werden.

Ähnliches lässt sich für die lokalen Bezüge sagen: Wir sprechen von der Universität Stuttgart, aber unsere Erfahrungen in Hannover, München, Kaiserslautern, Erlangen und Zürich lassen darauf schließen, dass die Regelungen, Gepflogenheiten und Maßstäbe an den Technischen Universitäten im deutschsprachigen Raum nicht stark variieren, nur die Fristen für die Arbeiten sind unterschiedlich.

Marcus Deininger, Horst Lichter, Jochen Ludewig, Kurt Schneider

Stuttgart, im Januar 1992

Vorwort zur 5. Auflage

Schon bei der Vorbereitung der 3. Auflage waren meine Koautoren nicht mehr dabei, alle drei haben die Universität Stuttgart verlassen, um die Erkenntnisse des Software Engineerings praktisch anzuwenden und weiter zu verbreiten. Anscheinend haben sie das sehr erfolgreich getan, so dass einer nach dem anderen auf eine Professorenstelle berufen wurde. Heute kann man sagen, dass auf diesem Buch die Namen von vier aktiven Hochschullehrern stehen.

Die 4. Auflage (2002) war ein Kompromiss zwischen dem Wunsch nach Verbesserungen und Erweiterungen auf der einen, einer Beschränkung des Umfangs auf der anderen Seite. Mit dieser 5. Auflage wird nun die Grenze von 72 Seiten gesprengt; trotz seinen nun 85 Seiten bleibt es ein recht schmales Büchlein, und es bleibt auch für alle Studenten erschwinglich.

Die neue Rechtschreibung wurde bereits in der 4. Auflage umgesetzt. Bei einigen Wörtern, für die der Duden neben der alten auch eine neue Schreibweise zulässt, folge ich meinem „alten" Sprachempfinden. Am auffälligsten ist das beim Wort „selbständig". Ich schließe aber nicht aus, dass mich die Gewöhnung an neue Schreibweisen in einigen Jahren umstimmt.

Eine gründliche Revision des Textes hat dazu geführt, dass einige technisch überholte Aussagen (z.B. zu handgeschriebenen Folien) getilgt, andere aufgenommen oder erweitert wurden, vor allem solche, die etwas mit dem Web zu tun haben. Schließlich wurde auch berücksichtigt, dass zukünftig viele Studenten nicht mehr eine Diplomarbeit, sondern eine Abschlussarbeit für ihren Bachelor- oder Mastergrad anfertigen werden.

Auf dem Weg von der 1. zur 5. Auflage haben freundliche Hinweise der Leser eine Reihe von Verbesserungen angestoßen. Ich wünsche diesem kleinen Buch auch weiterhin aufmerksame und kritische Leserinnen und Leser, und ich freue mich über Ihre Anregungen. Schreiben Sie bitte unter dem Stichwort „Studien-Arbeiten" per Electronic Mail an

ludewig@informatik.uni-stuttgart.de

Jochen Ludewig, im Mai 2005

Inhalt

Abbildungen und Tabellen

Abbildungen

Tabellen

1. Vorbemerkungen

1.1 Zielsetzung und Randbedingungen

Mit diesem Leitfaden wollen wir Regeln und Techniken vermitteln, die bei der Durchführung wissenschaftlicher Arbeiten in der Fakultät Informatik anzuwenden sind. Die Doppeldeutigkeit der Formulierung „anzuwenden" im vorigen Satz ist beabsichtigt: Diese Regeln *lassen* sich anwenden, und sie *sollten* nach unserer Meinung auch angewendet werden.

Als „wissenschaftliche Arbeiten" werden hier Seminar-, Studien-, Diplom- und Doktorarbeiten bezeichnet, ebenso Bachelor- und Master-Arbeiten, also alle Prüfungsleistungen mit wissenschaftlichem Anspruch, die von Studenten und Assistenten unter Anleitung, aber in gewisser Selbständigkeit und über einen längeren Zeitraum erbracht werden. Im Mittelpunkt unserer Betrachtung stehen die **Abschlussarbeiten** (Diplom-, Bachelor- und Master-Arbeiten). Sie liegen, was wissenschaftlichen Anspruch und Selbständigkeit angeht, zwischen Studienarbeit und Dissertation.

Auch auf Arbeiten, die die genannten Kriterien nicht erfüllen, beispielsweise Publikationen oder auch Dokumentationen, für die kein wissenschaftlicher Anspruch erhoben wird, lassen sich die meisten unserer Aussagen anwenden.

Wir können damit das Ziel unserer Lehrveranstaltung und dieses Skripts etwas pointierter so formulieren: Teilnehmer mit den notwendigen Fachkenntnissen sollen in die Lage versetzt werden, ein wissenschaftliches Ein- oder Zwei-Personen-Projekt auf dem Gebiet der Informatik

- auszuwählen,
- vorzubereiten,
- durchzuführen,
- zu dokumentieren und zu präsentieren.

Die *Betreuer* der Arbeiten sollen lernen, wie man Arbeiten

- definiert,
- verfolgt und unterstützt,
- beurteilt.

Dabei sind wir uns natürlich bewusst, dass wir nur einen ganz kleinen Beitrag leisten können, denn wir werden auf wenigen Seiten mehrere Gebiete überfliegen, die jedes für sich ein Leben lang erkundet werden müssen (z.B. Arbeitstechnik, Führungstechnik, Rhetorik). Wir sind also nicht allzu weit von der Realität amerikanischer Gruppenreisen entfernt: *Miss Europe in five days!* (Für diese zweideutige Formulierung danken wir Dave Parnas.)

1.2 Exkurs über die Legende von der zweckfreien und objektiven Wissenschaft

Da wir uns hier mit Wissenschaft befassen, sollten wir auch einen Blick auf die Ränder werfen und fragen, wie sie in die politischen, sozialen und kulturellen Zusammenhänge eingebettet ist. Dieses Thema wird gern gemieden mit dem Argument, Wissenschaft sei quasi „freischwebend", nämlich *zweckfrei* und *objektiv*.

Wir sehen diese Behauptung als Legende. Die Forschung, auch die an den Hochschulen, erhält ihre Mittel und Vorgaben aus der Umgebung, insbesondere aus der Politik und aus der Wirtschaft, und sie gehorcht und dient diesen beiden Herren nach Kräften. Wir sehen zu dieser Einbettung keine grundsätzliche Alternative; nur sollte der Zusammenhang jedem Informatiker klar sein, so dass er seine individuelle Verantwortung erkennt und ernst nimmt.

Gerade die Informatik ist ein Beispiel für die Steuerung von außen: Im Ostblock wurde sie in den späten fünfziger Jahren von den herrschenden „Bezirksmarxisten" (Formulierung eines Prager Dissidenten) verdammt und damit viele Jahre lang retardiert, was sich noch weit über das Ende des Ostblocks hinaus auswirkt. In der alten Bundesrepublik schätzte man dagegen die Informatiker als Hefe des zukünftigen Wirtschaftswachstums ein; entsprechend wurden, anders als in den ebenfalls überlasteten Geisteswissenschaften, zahlreiche neue Lehrstühle eingerichtet. An diesen sind die Arbeiten überwiegend so ausgerichtet, dass eine Kooperation mit Industriefirmen möglich ist.

Wir stellen also fest: Informatik verfolgt Ziele, die vor allem durch wirtschaftliche Interessen bestimmt sind. Diese Ziele sind nicht generell positiv oder negativ, sondern müssen individuell beurteilt werden. Dazu ist jeder Beteiligte, insbesondere also jeder Informatiker, moralisch verpflichtet. Die Behauptung, Wissenschaft sei wertfrei, dient dazu, eine solche Diskussion nicht aufkommen zu lassen. In den ersten Jahrzehnten nach der braunen Pest, die im Bereich der Forschung mehr Zustimmung hatte, als es die Forscher später wahrhaben wollten, diente dieses Argument auch dazu, unangenehmen Fragen auszuweichen.

In vielen Fällen – ausgeprägt in der so genannten Grundlagenforschung – ist die Anwendung der Resultate außer Sichtweite, so dass die Forscher kaum entscheiden können, welchen Effekt ihre Arbeiten haben werden (oft allerdings könnten sie es ohne weiteres, wenn sie *wollten*). Hier helfen Schlagwörter nicht weiter; wir halten es aber für notwendig, dass sich jeder Mensch dann die globalen Einflussmöglichkeiten sichert, die der globalen Wirkung seiner Arbeit entsprechen. In der Praxis ist das oft schwierig oder unmöglich: Beispielsweise konnte Einstein zwar – seiner Bedeutung als Physiker entsprechend – die Entwicklung der Atombombe wirksam unterstützen, aber er konnte später, als seine Motive nicht mehr bestanden, ihren Einsatz nicht verhindern.

Da wir unseren Aufgaben nicht neutral gegenüberstehen, sondern mit Zielen, Vorurteilen, Erfahrungen, Wissen und Wissenslücken, Wünschen und Ängsten an sie herantreten, können wir auch nicht *objektiv* sein; die *„wissenschaftliche*

Objektivität" ist neben der Zweckfreiheit ein weiteres Einhorn der Gedankenwelt. Daher wollen wir gleich zu Beginn klarstellen: Wir nehmen diese Objektivität für unsere Aussagen nicht in Anspruch, weder die wissenschaftliche noch sonst irgendeine.

Dieser Verzicht ist doppelt begründet: Es gilt hier nicht nur das grundsätzliche Argument, dass Wissenschaft prinzipiell nicht objektiv ist, sondern auch die praktische Einsicht, dass wir uns hier als Laien äußern, die nicht mehr anzubieten haben als ihre persönlichen, mehr oder minder zufälligen Erfahrungen und Einsichten.

Schließlich erkennen wir mit dem Bekenntnis zur Subjektivität auch an, dass über eine Reihe von Fragen, die sich in diesem Zusammenhang stellen, ein Konsens weder besteht noch in absehbarer Zeit erreicht werden kann, nicht einmal innerhalb einer einzigen Fakultät einer einzigen Universität. Wir können daher nur unsere Auffassung darlegen, begründen und zur Diskussion stellen.

Für das engere Thema unseres Büchleins, die Durchführung wissenschaftlicher Arbeiten in der Informatik, hat diese Diskussion folgende Konsequenzen:

- Niemand sollte ein Thema als „göttlich" akzeptieren und es damit der Diskussion entziehen; vielmehr sollte er sich in seiner Arbeit auch mit dem Thema und seiner Legitimation auseinandersetzen. Das gilt verstärkt in der Dissertation, deren Thema der Doktorand ja in der Regel selbst bestimmt oder wenigstens mitbestimmt hat.
- Wissenschaftliche Resultate sind nicht der Kritik entrückt, sondern stehen, nachdem das Podest der Objektivität zusammengebrochen ist, als menschliche Resultate auf gleicher Stufe neben anderen. Jeglicher Hochmut gegenüber weiteren Denkansätzen, z.B. religiösen und weltanschaulichen, ist unbegründet und auch nach vielen Erfahrungen der Geschichte nicht gerechtfertigt. Wo wir mit wissenschaftlichen Erkenntnissen argumentieren, dürfen wir die Prämissen unserer Aussagen nicht unterschlagen; eben das passiert sehr oft, wenn Politiker oder Manager eine komplizierte Aussage auf eine einfache, griffige Halbwahrheit reduzieren.

1.3 Die Diskrimierung der Frauen durch maskuline Formen

Traditionell wird in Texten dieser Art zur Bezeichnung unbestimmter Personen die maskuline Form verwendet („Der Student trifft regelmäßig seinen Betreuer."). Dabei ist impliziert, dass jede der beiden Personen auch weiblich sein kann. Wer ehrlich ist, muss der Kritik daran recht geben, dass diese Sprache diskriminierend ist. Darum wurden verschiedene Alternativen vor- und eingeführt:

a) die vollständige Aufzählung („Der Student oder die Studentin trifft regelmäßig seinen Betreuer oder ihren Betreuer oder seine Betreuerin oder ihre Betreuerin.")

b) die Mischschreibweise
(„Der/Die StudentIn trifft regelmäßig seineN/ihreN BetreuerIn.")

c) die Diskrimierung der Männer („Die Studentin trifft regelmäßig ihre Betreuerin.")

d) die gemischten Prototypen („Der Student, nennen wir ihn Klaus, trifft regelmäßig seine Betreuerin; wir wollen sie Irene nennen.")

Lösung (a) ist umständlich und grammatikalisch unklar: Es könnte im Beispiel auch sein, dass zwei Betreuer zur Verfügung stehen. Das zeigt beispielsweise eine Prüfungsordnung, aus der hier später noch zitiert wird: „Auf Antrag sorgt die oder der Vorsitzende des Prüfungsausschusses dafür, dass eine Kandidatin oder ein Kandidat rechtzeitig ein Thema für eine Abschlussarbeit erhält." Das ist zwar „politically correct", aber sachlich falsch, mindestens unklar: „oder" bedeutet im Deutschen eine Wahlmöglichkeit, die ist hier sicher nicht gegeben. Außerdem ist der Satz für Menschen, die die deutsche Sprache mögen, einfach schmerzhaft.

Auch Vorschlag (b) ist keine Lösung, sondern ein Alptraum. So geschriebene Texte wirken im günstigsten Fall wie eine van-Wijngaarden-Grammatik[1] und sind auch etwa so gut lesbar. (c) ist dagegen ein achtbarer Ansatz, angewandt beispielsweise in der Promotionsordnung der Universität Hamburg; letztlich ist er aber genauso unbefriedigend wie die übliche Form. (d) weicht dem Problem aus: Man kann eben nicht immer mit Prototypen argumentieren, sondern will oft auch Aussagen über *alle* Betreuer oder *irgendeine* Kandidatin machen.

Was also tun? Wir haben in früheren Fassungen experimentiert. Zunächst haben wir versucht, die Rollen nicht festzulegen, indem wir das Neutrum verwenden („Das Student trifft regelmäßig sein Betreuer."[2]). Auch wenn dieser Vorschlag den Vorteil hat, sich syntaktisch und semantisch im Rahmen der deutschen Grammatik zu halten, ist er nicht auf große Gegenliebe gestoßen. Wir sind aber gern bereit, ihn wieder auszugraben, wenn sich dies ändern sollte. Dann haben wir die Form d in leicht modifizierter Form verwendet: Da es zu jener Zeit in unserer Gruppe zwei Mitarbeiterinnen gab, haben wir die konkrete Situation beschrieben: „Der Student trifft regelmäßig seine Betreuerin, gelegentlich auch seinen Prüfer." Aber auch das war an manchen Stellen irreführend, und die Mitarbeiterinnen sind inzwischen leider auch nicht mehr bei uns.

Ganz befriedigend war keiner dieser Versuche, und so stehen wir am Ende wieder dort, wo wir zu Anfang standen, ratlos und durchaus offen für neue Vorschläge. Bis uns diese erreichen (und überzeugen), schreiben wir also: „Der Student trifft regelmäßig seinen Betreuer." Und wir bitten alle Menschen um Nachsicht, die eine andere Lösung vorgezogen hätten.

---

1 Algol 68 war mit einer van-Wijngaarden-Grammatik definiert; weder die Sprache noch der Formalismus sind je populär geworden.

2 In der Schweiz bietet der populäre Diminutiv ähnliche Möglichkeiten: „Das Studentli trifft regelmäßig sein Betreuerli."

2. Was ist eine wissenschaftliche Informatik-Arbeit?

Nachdem in 1.2 geklärt wurde, welche Arbeiten im Sinne der Prüfungsordnung hier zur Diskussion stehen, wollen wir den Begriff nun von seiner Wurzel her angehen, also untersuchen, welche Arbeiten im Feld der Informatik das Attribut „wissenschaftlich" beanspruchen dürfen.

2.1 Arten der wissenschaftlichen Arbeiten in der Universität

Durch Hochschulgesetze, Prüfungsordnungen usw. sind die Arbeiten der Studenten juristisch definiert. Welche Regelungen sind für uns von Bedeutung?

An der Universität Stuttgart gilt selbstverständlich die Prüfungsordnung dieser Universität; sie ist aber im Wesentlichen durch die Rahmenordnung für die Diplomprüfung im Studiengang Informatik bestimmt. Darum gibt es auch kaum große Unterschiede zwischen den Regelungen an verschiedenen Hochschulen, soweit diese der 1995 verabschiedeten Rahmenordnung angepasst sind. Hier folgt zunächst ein Auszug aus der Rahmenordnung.

Rahmenordnung für die Diplomprüfung im Studiengang Informatik an Universitäten und gleichgestellten Hochschulen

Ständige Konferenz der Länder in der Bundesrepublik Deutschland, 17.2.1995
Konferenz der Rektoren und Präsidenten der Hochschulen, 21. Februar 1995

§ 9 Klausurarbeiten und sonstige schriftliche Arbeiten

(1) In den Klausurarbeiten und sonstigen schriftlichen Arbeiten soll der Kandidat nachweisen, dass er in begrenzter Zeit und mit begrenzten Hilfsmitteln mit den geläufigen Methoden seines Faches ein Problem erkennen und Wege zu seiner Lösung finden kann. (...)

§ 10 Diplomarbeit

(1) Die Diplomarbeit ist eine Prüfungsarbeit, die die wissenschaftliche Ausbildung abschließt. Sie soll zeigen, dass der Kandidat in der Lage ist, innerhalb einer vorgegebenen Frist ein Problem aus der Informatik oder den Anwendungen der Informatik selbständig nach wissenschaftlichen Methoden zu bearbeiten.

(2) Die Diplomarbeit kann von jedem in Informatik in Forschung und Lehre tätigen Professor und anderen, nach Landesrecht prüfungsberechtigten Personen ausgegeben und betreut werden. (...)

(3) (...) Der Zeitpunkt der Ausgabe ist aktenkundig zu machen. Das Thema der Diplomarbeit kann auch vor Erbringen der Zulassungsvoraussetzungen nach § 21 Abs. 1 Nr. 2 und 3 ausgegeben werden.

(4) Die Diplomarbeit kann auch in Form einer Gruppenarbeit zugelassen werden, wenn der als Prüfungsleistung zu bewertende Beitrag des einzelnen Kandidaten aufgrund der Angabe von Abschnitten, Seitenzahlen oder anderen objektiven Kriterien, die eine eindeutige Abgrenzung ermöglichen, deutlich unterscheidbar und bewertbar ist und die Anforderungen nach Absatz 1 erfüllt.

(5) Die Bearbeitungszeit für die Diplomarbeit darf sechs Monate nicht überschreiten. Thema, Aufgabenstellung und Umfang der Diplomarbeit sind vom Betreuer so zu begrenzen, dass die Frist zur Bearbeitung eingehalten werden kann. (...)

(6) Die Diplomarbeit ist fristgemäß bei der in den örtlichen Prüfungsordnungen zu bestimmenden Stelle abzuliefern; der Abgabezeitpunkt ist aktenkundig zu machen. Bei der Abgabe der Diplomarbeit hat der Kandidat schriftlich zu versichern, dass er seine Arbeit (...) selbständig verfasst und keine anderen als die angegebenen Quellen und Hilfsmittel benutzt hat.

(7) Die Diplomarbeit ist in der Regel von zwei Prüfern zu bewerten. Einer der Prüfer soll derjenige sein, der das Thema der Diplomarbeit ausgegeben hat. (...) Das Bewertungsverfahren soll vier Wochen nicht überschreiten.

Die Freiheit bei der Umsetzung dieser Rahmenordnung in lokale Ordnungen ist gering; als Beispiel ist hier der einschlägige Abschnitt der Prüfungsordnung unseres Studiengangs Softwaretechnik zitiert. Die Regelungen für den Studiengang Informatik sind ganz ähnlich.

Prüfungsordnung der Universität Stuttgart für den Diplomstudiengang Softwaretechnik (1997), Stand 2000

§ 11 *Diplomarbeit*

(1) Die Diplomarbeit ist eine Prüfungsarbeit, die die wissenschaftliche Ausbildung abschließt. Sie soll zeigen, dass der Kandidat in der Lage ist, innerhalb einer vorgegebenen Frist ein Problem aus der Softwaretechnik oder ihren Anwendungen selbständig nach wissenschaftlichen Methoden zu bearbeiten.

(2) Die Diplomarbeit kann von allen in der Softwaretechnik an der Universität Stuttgart in Forschung und Lehre tätigen Professoren ... ausgegeben, betreut und bewertet werden.

Soll die Diplomarbeit außerhalb der Fakultät Informatik durchgeführt werden, bedarf es hierzu der Zustimmung des Vorsitzenden des Prüfungsausschusses; in diesem Falle ist mit der Ausgabe der Arbeit der Prüfer gemäß Abs. 7 zu bestellen.

(3) Der Kandidat hat spätestens innerhalb von drei Monaten nach dem Bestehen des zweiten Studienprojekts oder der letzten Fachprüfung die Diplomarbeit zu beginnen ...

(4) Die Diplomarbeit kann auch in Form einer Gruppenarbeit zugelassen werden, wenn der ... Beitrag des einzelnen Kandidaten ... deutlich unterscheidbar und bewertbar ist ...

(5) Die Bearbeitungszeit für die Diplomarbeit darf sechs Monate nicht überschreiten. Thema, Aufgabenstellung und Umfang der Diplomarbeit sind vom Betreuer so zu begrenzen, daß die Frist zur Bearbeitung der Diplomarbeit eingehalten werden kann. ...

(6) Die Diplomarbeit ist fristgemäß beim Prüfungsausschuss abzuliefern; .... Bei der Abgabe der Diplomarbeit hat der Kandidat schriftlich zu versichern, daß er seine Arbeit ... selbständig verfasst und keine anderen als die angegebenen Quellen und Hilfsmittel benutzt hat.

(7) Die Diplomarbeit ist von zwei Prüfern gemäß § 12 zu bewerten. .... Das Bewertungsverfahren soll vier Wochen nicht überschreiten. ...

Da unsere Hochschulpolitiker in ihrer unergründlichen Weisheit die Diplome durch neue Abschlüsse mit den wohlklingenden Bezeichnungen „Bachelor" und „Master" ersetzen, müssen wir klären, was sich durch diese neuen Etiketten an den Prüfungsarbeiten ändert. Aus der nachfolgend zitierten Prüfungsordnung der Fernuni Hagen kann man die beruhigende Antwort ableiten: gar nichts.

Prüfungsordnung für den Modellstudiengang Bachelor in Informatik an der FernUniversität – Gesamthochschule in Hagen

vom 24. August 2001 (Stand 01.10.2002)

§ 13 Abschlussarbeit

(1) Die Abschlussarbeit ist eine Prüfungsarbeit in Informatik. Sie soll zeigen, dass die Kandidatin oder der Kandidat gründliche Fachkenntnisse erworben hat und in der Lage ist, innerhalb einer vorgegebenen Frist ein Problem aus dem Fach selbständig nach wissenschaftlichen Methoden zu bearbeiten. ...

Übrigens ist diese Formulierung in § 14 der Prüfungsordnung für den Master of Science im Fach Informatik an der FernUniversität in Hagen völlig unverändert wiederholt; man mag sich fragen, ob die Studenten zwischen Bachelor- und Master-Prüfung irgendetwas dazugelernt haben. Mit diesem Problem steht die Fernuni aber nicht allein. In Bochum beispielsweise ist bei der Bachelor-Arbeit von einer *anspruchsvollen Fragestellung*, bei der Master-Arbeit (bei sonst gleicher Formulierung) von einem *komplexen Problem* die Rede. Alles klar?

Beim Bachelor besteht im deutschsprachigen Raum absolut kein Konsens über die Frage, wie die Abschlussarbeit aussehen sollte. Die ETH Zürich etwa lässt den Studenten die Wahl, ein Praktikum oder eine „selbständige Arbeit" anzufertigen. Hier sei als extreme Variante die *Prüfungsordnung für den Bachelorstudiengang und den Masterstudiengang Informatik an der Universität Potsdam* vom 24. Juni 2004 zitiert (§ 14 (1), Satz 2, letzter Punkt):

Im Rahmen der benoteten studienbegleitenden Leistungen in Informatik sind mindestens 15 benotete Leistungspunkte in der Form eigenständiger Arbeit zu erbringen in mindestens zwei verschiedenen unter den folgenden Lehrformen: Studienarbeit, Semesterarbeit, Praktikum, Betriebspraktikum, Seminar, Oberseminar, Projekt, Großer Beleg, Bachelorarbeit, u.a.

Da ist es gar nicht einfach, etwas zu finden, was *nicht* anerkannt würde! In § 17, Satz 1, ist dafür um so anspruchsvoller formuliert:

In der Masterarbeit in Informatik zeigen die Studierenden ihre Fähigkeit zur Bearbeitung einer Fragestellung der Informatik mit bekannten Methoden. In der Regel wird eine Masterarbeit einen neuen Beitrag zur wissenschaftlichen Erkenntnis in der Informatik liefern.

Dass den Verfassern bei der mutigen Forderung nach wissenschaftlicher Erkenntnis nicht wohl war, zeigt die Floskel „in der Regel“, ein typischer semantischer Weichmacher (vgl. 5.5.5). Bislang war der wissenschaftliche Fortschritt (den eine Erkenntnis natürlich bringt) das Kennzeichen einer Dissertation.

Promotionsordnung der Universität Stuttgart *vom 1. Oktober 1979*

§ 2 ***Die Dissertation***

(1) Die Dissertation muss wissenschaftlichen Ansprüchen genügen, einen Fortschritt der Wissenschaft erbringen und eine selbständige Leistung des Bewerbers sein.

2.2 Rollenbilder: die beteiligten Personen

An einer wissenschaftlichen Arbeit im hier besprochenen Sinn sind mindestens zwei Personen beteiligt, der **Kandidat** und der **Prüfer**. In vielen Fällen wird der Prüfer einer Abschlussarbeit den Kandidaten nicht direkt betreuen, sondern diese Aufgabe an einen **Betreuer** delegieren.

Achtung, hier weicht der Sprachgebrauch von der offiziellen Regelung ab: In der Rahmenordnung und in den entsprechenden Prüfungsordnungen sind der **Prüfer** und der **Betreuer** identisch, in der Praxis sind sie es meist nicht. Unsere Terminologie folgt der Praxis, in der meist Prüfer und Betreuer eben nicht identisch sind. Damit haben wir für den folgenden Text alle Mitspieler versammelt:

- einen Kandidaten, der das Thema bearbeitet, die Arbeit anfertigt,
- einen Prüfer, der das Thema ausgibt und die Arbeit nach der Fertigstellung prüft, der natürlich auch für die Betreuung der Arbeit verantwortlich ist,

- einen Betreuer. Das ist typisch ein Mitarbeiter des Prüfers.

Wir beziehen uns auf diese drei Rollen, obwohl natürlich im Einzelfall zwei Rollen zusammenfallen können oder eine Rolle auf mehrere Personen verteilt sein mag; bei der Anfertigung einer Dissertation ist dies die Regel (mehrere Prüfer, kein gesonderter Betreuer).

Damit keine Unklarheiten entstehen, werden wir eisern an diesen drei Bezeichnungen festhalten, auch wenn Variationen sprachlich eleganter wären. Dieses Prinzip empfehlen wir auch für alle technischen Berichte (siehe 5.5.4).

2.3 Wissenschaft und Technik

Informatik an der Universität ist eine *technische Wissenschaft* oder, um den Akzent der Realität gemäß zu setzen, eine *durch Wissenschaft unterfütterte Technologie.*

- In der Wissenschaft suchen wir zutreffende, möglichst allgemeingültige *Regeln*. In der Physik werden diese als *Naturgesetze* bezeichnet, womit wir einen Hinweis auf die Interpretation haben: Wir können (innerhalb eines gewissen Rahmens) so tun, als ob die Natur tatsächlich diesen Gesetzen folgte, und so zukünftige Entwicklungen vorhersagen und beeinflussen. Beispielsweise kennen wir nach den astronomischen Gesetzen die genaue Zeit zukünftiger Sonnenfinsternisse, und das Wissen über Gezeiten und Strömungsmechanik erlaubt es uns, durch Deiche Überschwemmungen zu verhindern. Umgekehrt können wir auch Ereignisse der Vergangenheit (z.B. die Erdentstehung, den Bau der Pyramiden) erklären oder deuten.
- Die Technik strebt nach *Problemlösungen*; hier geht es darum, zu einem gegebenen Problem und unter gewissen Randbedingungen eine Lösung zu finden. Die Randbedingungen schließen insbesondere eine Kostenfunktion ein, die praktisch Zeit- und Aufwandsschranken impliziert. Das Ingenieurwesen ist also weder eine Wissenschaft noch ein Teil davon; vielmehr *nutzt* es Resultate der Wissenschaft.

Ein Informatik-Studium[1] an einer Universität, also ein *wissenschaftliches* Studium, soll die Absolventen befähigen, sowohl wissenschaftlich als auch konstruktiv zu arbeiten, sie also für Forschung *und* Entwicklung vorbereiten.

Während in den einzelnen Lehrveranstaltungen meist der eine oder der andere Aspekt klar überwiegt, sollten in der Abschlussarbeit beide sichtbar werden. Praktisch heißt das: Eine Abschlussarbeit *sollte* nützlich sein im Sinne der technischen Ausrichtung unseres Fachs; sie *muss* von der Methodik her wissenschaftlich sein. Da die Nützlichkeit durch die Aufgabenstellung bestimmt und damit

---

[1] Der Begriff „Informatik-Studium" schließt hier und im ganzen Buch die verwandten Studiengänge ein, also insbesondere auch die Softwaretechnik.

weitgehend vorgegeben ist, müssen die Kandidaten vor allem danach streben, den wissenschaftlichen Anspruch zu erfüllen.

2.4 Das wissenschaftliche Prinzip

Die Konzepte der Wissenschaft haben sich im Laufe von mindestens zweieinhalb Jahrtausenden entwickelt; ein Versuch, diese Geschichte zu rekapitulieren und damit den Wissenschaftsbegriff zu klären, ginge weit über den Rahmen dieses Buches und unsere Kompetenz hinaus. Interessenten mögen über Luft (1988) den Zugang zur umfangreichen Literatur suchen. Für unsere Zwecke genügen die folgenden einfachen, kaum bestrittenen Feststellungen.

Prägend für unsere Grundhaltung gegenüber wissenschaftlichen Aussagen sind zwei gegensätzliche Erfahrungen, nämlich

- dass es in unserem Arbeitsgebiet nicht-triviale Feststellungen und Erkenntnisse gibt, deren Mitteilung lohnend für den Empfänger ist, weil er sie direkt nutzen oder in seiner eigenen wissenschaftlichen Arbeit verwenden und weiterentwickeln kann,
- dass es – wenigstens in der Wissenschaft – keine endgültigen Wahrheiten gibt, sondern nur Hypothesen, die gelten, solange sie nicht durch neue Erfahrungen widerlegt sind.

Der zweite Punkt gilt nur dann nicht, wenn sich die Wissenschaft ihre eigene Welt errichtet, wie es beispielsweise in der Mathematik der Fall ist. Hier sind Beweise im Sinne von Tautologien möglich. Sobald jedoch die – vorgefundene und damit vorgegebene – Realität ins Spiel kommt, also bei der Suche nach den so genannten Naturgesetzen, ist ein Beweis nicht möglich, denn wir haben stets nur *endlich viele* Beobachtungen (z.B. Aufzeichnungen astronomischer Daten), aus denen wir einen universellen, also für unendlich viele Fälle geltenden Zusammenhang (z.B. die Keplerschen Gesetze) abzuleiten versuchen. Eine auf Beobachtung gegründete (empirische) Hypothese ist darum stets durch neue Beobachtungen gefährdet, denn sie kann (möglicherweise) **falsifiziert** werden.

Karl Popper, ein österreichischer Jude, der 1937 nach Neuseeland emigrieren musste, ab 1946 in England lebte und 1994 als Sir Karl gestorben ist, hat dies in seiner Schrift „Objective Knowledge – A Realist View of Logic, Physics, and History" (Clarendon Press, 1972) wie folgt formuliert:

Now I should distinguish between two main uses of logic, namely (1) its use in the demonstrative sciences – that is to say, the mathematical sciences – and (2) its use in the empirical sciences.
In the demonstrative sciences logic is used in the main for proofs – for the transmission of truth – while in the empirical sciences it is almost exclusively used critically – for the retransmission of falsity.

Mit anderen Worten: Die Mathematik argumentiert typisch $A \Rightarrow B$, während die empirische Forschung nur die Falsifikation kennt, also $\neg B \Rightarrow \neg A$. Es ist also ein notwendiges Merkmal wissenschaftlicher Hypothesen, dass sie prinzipiell falsifizierbar sind. Wenn ich eine Hypothese aufstelle, muss ich sie der Überprüfung und Widerlegung zugänglich machen.

Streng genommen sind nach dieser Einsicht allgemeine Aussagen wie „Das Gewicht ist an einem bestimmten Ort der Masse proportional." nicht mehr beweisbar, denn wir haben diese Vermutung ja nur in endlich vielen Fällen überprüft. Die Naturwissenschaften, vor dieses Problem gestellt, behelfen sich mit der **Metaphysik**. Ihre Sätze über die Stabilität, Stetigkeit und Unabhängigkeit der beobachteten Erscheinungen sind prinzipiell unbeweisbar, aber wenn wir sie anerkennen, kommen wir zu allgemeingültigen Aussagen.

Die Meta-Physik ist also nichts Nebulöses (im landläufigen Sinne „Metaphysisches"), sondern eine höchst wichtige Basis-Wissenschaft, die die Physik erst ermöglicht. Sie wurde daher im Altertum als *höchste Wissenschaft* angesehen.

Beispiel: *Natura non saltat*

> Die Natur macht keine Sprünge, d.h. Gesetzmäßigkeiten der Natur weisen keine Löcher und Unregelmäßigkeiten auf, sondern gelten stetig. Wenn wir beispielsweise beim Wiegen von Körpern mit 1 g, 13 g, 233 g, und 78002 g Masse Gewichte messen, die der Masse proportional sind, dann können wir annehmen, dass das auch für beliebige andere Massen gilt, z.B. für 103,57 g. Dieses Prinzip ist natürlich nicht beweisbar. Und es kann uns passieren, dass die Vermutung nicht stimmt. So verblüfft das Phänomen der Supraleitung jeden, der aus Messungen bei Temperaturen fern des absoluten Nullpunkts irgendeine Hypothese über den Zusammenhang von Temperatur und elektrischem Widerstand ableitet.

Eine *Hypothese*, also ein *vermuteter* Zusammenhang, kann daher durch weitere, insbesondere systematische Beobachtungen *erhärtet*, aber nicht *bewiesen* werden; sie wird dagegen durch eine einzige nicht mit der Hypothese vereinbare Beobachtung *widerlegt*. Hier besteht ein ähnlicher Zusammenhang wie beim Software-Test, der außer bei trivialen Programmen keinen Korrektheitsbeweis liefert, weil die Zahl der Fälle jedes handhabbare Maß übersteigt; dagegen beweist ein einziger „positiver" Test die Fehlerhaftigkeit[1] („positiv" hier im Sinne der Mediziner, die ja auch von einem positiven Test sprechen, wenn z.B. ein bestimmtes Virus nachgewiesen wurde).

Ein wissenschaftliches Resultat hat also, wie oben festgestellt wurde, hoffentlich einen Nutzen, gilt aber nur, solange es nicht widerlegt ist.

---

1 Vorsicht beim Vergleich zwischen Naturbeobachtungen und Test! Während die Natur tatsächlich in vieler Hinsicht stetig erscheint, ist ein Programm in jedem Falle prinzipiell unstetig, denn es bildet endliche Mengen auf endliche Mengen ab.

Entsprechend den beiden beschriebenen Merkmalen wissenschaftlicher Resultate, Nutzen und Vorläufigkeit, erwarten wir von wissenschaftlichen Aussagen **Relevanz** und **Überprüfbarkeit**, also dass sie

- Antworten enthalten auf relevante Fragen (andernfalls bezeichnen wir sie als *irrelevant*, also nutzlos)
- sich der Kritik stellen, indem sie so weit wie irgend möglich offenlegen, wie die Aussagen zustande gekommen sind (andernfalls bezeichnen wir sie als *unwissenschaftlich* und damit wertlos).

Drei fiktive (aber nicht frei erfundene) Aussagen über die Programme Alpha und Beta sollen diese Aussage illustrieren:

A Alpha enthält eine gerade Anzahl von Vokalen (einschließlich Umlauten) und eine ungerade Anzahl von Konsonanten (wobei „ß" als einzelnes Zeichen gezählt ist). Bei Beta ist es umgekehrt.

B Die Erfahrung zeigt, dass Alpha aufgrund seiner klareren Struktur das wesentlich leichter wartbare Programm darstellt; das bestätigt auch die Fachliteratur.

C Programm Alpha erzielt nach der Metrik von MacNess (1983) den Wert 12,3, Programm Beta 7,8. Wie Passepartout (1985) gezeigt hat, besteht zwischen diesem Wert und dem Wartungsaufwand (definiert nach Head, 1972) eine hohe negative Korrelation. Daraus kann man die Erwartung ableiten, dass das Programm Alpha unter gleichen Rahmenbedingungen einen niedrigeren Wartungsaufwand verursachen wird.

Die Aussage A ist überprüfbar, sie stellt sich der Kritik, indem sie Art und Weise, wie die Vokale und Konsonanten gezählt wurden, offenlegt. Damit hat jeder Leser die Chance, die Ergebnisse nachzuvollziehen. In der Praxis gibt es dabei oft große Hindernisse, aber *prinzipiell* besteht die Möglichkeit. Leider ist das Resultat A – anscheinend – völlig ohne Bedeutung, es ist nutzlos, irrelevant.

Aussage B über den Wartungsaufwand zweier Programme ist dagegen außerordentlich bedeutsam, denn natürlich wäre es sehr nützlich, wenn wir in der Lage wären, aus leicht feststellbaren Merkmalen auf die Wartbarkeit zu schließen; aber leider ist die Aussage völlig unwissenschaftlich, denn sie stützt sich auf

- nicht spezifizierte Erfahrungen ungenannter Personen
- unklare Begriffe (Struktur, Wartbarkeit)
- undefinierte Bewertungen (*klarere* Struktur, *leichter* wartbar)
- einen völlig unbestimmten Hinweis auf Literatur.

Damit ist B nicht kritisierbar: Einen Pudding kann man nicht an die Wand nageln.

Aussage C dagegen erfüllt die Anforderungen; falls die zitierte Literatur tatsächlich existiert, ist die Aussage in ihrer Form korrekt. Natürlich ist sie damit keineswegs *bewiesen*: Vielleicht erscheint schon morgen ein Artikel, der zeigt, dass die Rechnung Fehler enthält oder dass MacNess oder Passepartout oder beide bei ihren Untersuchungen völlig andere Voraussetzungen hatten. Wichtig ist, dass Aussage C – anders als B – diese Erwiderung überhaupt *zulässt*!

Eine Aussage ist also dann überprüfbar, wenn sie sich auf Argumente stützt, die dem Wesen nach überprüfbar und damit eventuell widerlegbar (falsifizierbar) sind. Die wissenschaftliche Arbeit stellt ein Gedanken-Gebäude dar, das in seiner ganzen Ausdehnung *begehbar* ist. Eine Aussage gilt als allgemein anerkannt, wenn das Gebäude von einer großen Mehrheit für sicher begehbar gehalten wird. Von einem *wesentlichen Beitrag* zur Wissenschaft spricht man, wenn viele andere das Gebäude als Basis ihrer eigenen Arbeit verwenden.

Ein bekannter Flop der jüngeren Wissenschaftsgeschichte, die „kalte Kernfusion" (1989 angeblich beobachtet von Pons und Fleischmann), kann hier als Musterbeispiel dienen: Die zunächst publizierte Aussage war ungenau und ließ die Überprüfung an anderen Orten kaum zu. (So, wie es beschrieben worden war, *konnte* das Experiment nicht funktionieren) Mit klarerer Information wurde die Behauptung dann rasch falsifiziert, d.h. es wurde gezeigt, dass durch die beschriebenen Bedingungen eine messbare Fusion nicht herbeigeführt werden kann. Diese Episode war damit zwar peinlich für zwei Möchtegern-Nobelpreisträger, aber ein Erfolg der wissenschaftlichen Kontrollmechanismen.

Praktisch gesehen kommen zwei weitere Kriterien hinzu: Ein wissenschaftliches Resultat muss **neu** und **anscheinend korrekt** sein, d.h. es darf sich nicht einfach falsifizieren lassen. Bei studentischen Arbeiten liegt für beide Punkte ein großer Teil der Verantwortung beim Betreuer, der über den Stand der Forschung Bescheid wissen und ein unsinniges Resultat erkennen sollte, wenn erforderlich, mit Hilfe des Prüfers.

3. Der Bausteincharakter wissenschaftlicher Leistungen

3.1 Nützliche und andere Arbeiten

Die Bemerkung, jemand habe in seiner Arbeit das Rad neu erfunden, stellt kein Lob dar, sondern eine herbe Kritik, denn eine wissenschaftliche Arbeit wird nicht nach ihrem Hub beurteilt (Wie weit ist der Verfasser von seinem Ausgangspunkt gekommen?), sondern nach der Höhe des Resultats (Wo stehen wir dank dem Resultat?). Darum arbeiten wir wo immer möglich nach dem **Prinzip des Zaunkönigs**, der im Märchen zum König der Vögel wird, indem er sich in die Schwingen des Adlers setzt und mit diesem bis in große Höhe fliegt, um schließlich noch ein kleines δ aus eigener Kraft hinzuzufügen. Eine gute wissenschaftliche Arbeit macht also Gebrauch von allem, was verfügbar ist, und schafft darauf eine neue, noch höhere Basis für nachfolgende Arbeiten (die Neuigkeit, Abb. 1a). Sie bildet damit einen Baustein in einem (abstrakten) Turm. Dabei kann es *auch* nützlich sein, wenn die Arbeit lehrt, dass ein bestimmter Ansatz unergiebig ist.

Eine andere Möglichkeit, einen wissenschaftlich nützlichen Beitrag zu leisten, besteht darin, ein Problem, das bislang nicht befriedigend gelöst und darum umgangen worden war, aufzuarbeiten, beispielsweise durch einen mathematischen Beweis für etwas, das bislang nur vermutet wurde (die Abrundung, Abb. 1b).

Abb. 1a: Die Neuigkeit

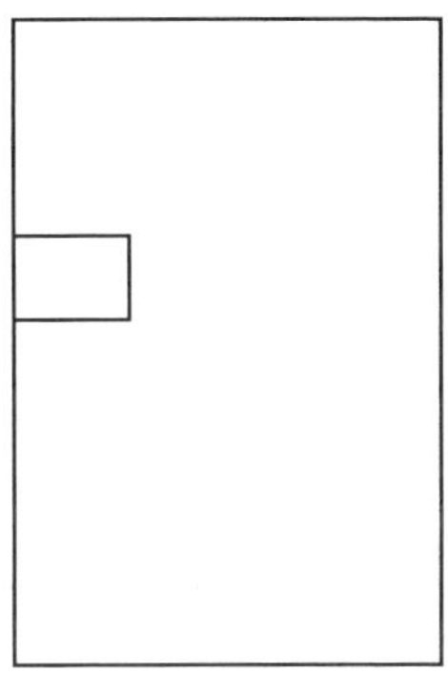

Abb. 1b: Die Abrundung

Betrachten wir nun negative Beispiele, also Arbeitsresultate, die aus verschiedenen Gründen nicht brauchbar sind. Das erste Bild (Abb. 2a) repräsentiert eine Arbeit, die keinen Neuigkeitscharakter hat; die Umrisslinie deutet den Stand der Wissenschaft an. Oben war schon gesagt worden, dass hier der Betreuer gefordert ist. Zur Entstehung solcher Arbeiten trägt die Abneigung vieler Informatiker, Literatur durchzuarbeiten, wesentlich bei. *(„Warum etwas lesen und zitieren, was ich selbst erfinden könnte?")*

Arbeiten, die extern, also in der Industrie oder auch in fachfremden Instituten durchgeführt werden, zeigen oft eine ähnliche Charakteristik, wobei das Rad nicht neu erfunden, sondern nur neu realisiert wird; die betreffende Stelle strebt kaum nach wissenschaftlich begründeten Aussagen, sondern nach einer billigen Entwicklung. Studenten, die eine externe Arbeit erwägen, sollten daran denken, dass die Ausgabe, die Prüfung und die Benotung an der Hochschule stattfinden, und sie sollten denkbare Zielkonflikte früh erkennen und bereinigen.

Das Luftschloss kommt seltener vor, aber es kommt vor (Abb. 2b). Hier handelt es sich um eine Arbeit, deren Ergebnisse sehr willkommen wären, hätten sie eine solide Basis. In vielen Fällen sind aber auf den ersten Seiten Prämissen genannt (oder schlimmer noch: nicht genannt, aber verwendet), die völlig unbegründet sind.

Zur Basis gehört auch eine klare Fragestellung. Manche Resultate hängen in der Luft, weil nicht klar ist, welches Problem eigentlich gelöst werden soll. Eine Wertung der Ergebnisse ist dann nicht möglich.

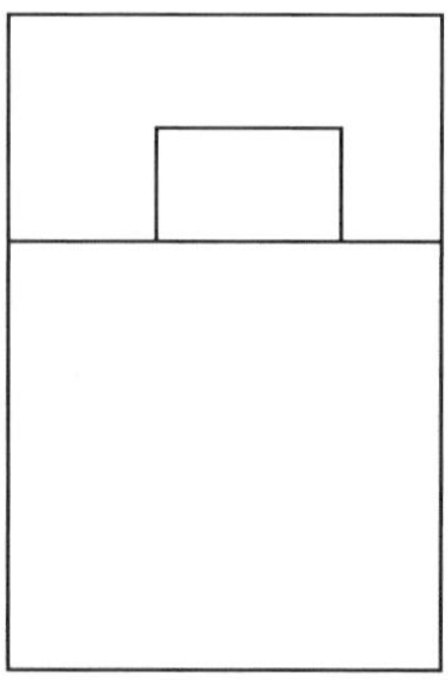

Abb. 2a: Das wiedererfundene Rad

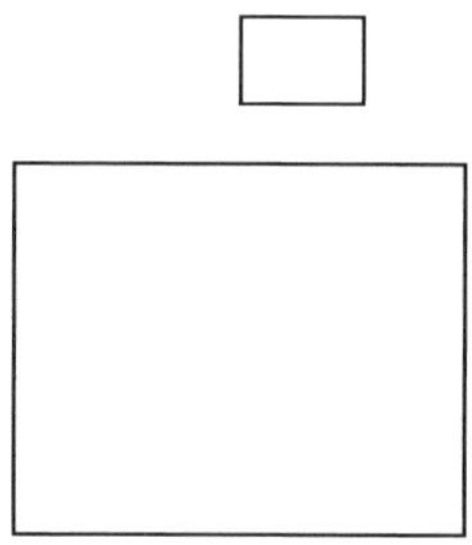

Abb. 2b: Das Luftschloss

Wissenschaft braucht nicht ständig in Richtung der wirtschaftlichen Verwertbarkeit zu schielen; bei manchen Arbeiten fällt aber auf, dass auch wissenschaftlich darauf kaum weitergebaut werden kann (*„L'art pour l'art"*, Abb. 3a).

Auch in einer neuen, wesentlich klareren Darstellung einer bekannten Idee kann eine gute Leistung bestehen. Hier handelt es sich wieder um das Prinzip „Abrundung". Reines Sammeln (Prinzip „Eichhörnchen", Abb. 3b) reicht aber nicht aus, Ideen lassen sich nicht durch Fleiß ersetzen, auch wenn immer wieder – selbst in Dissertationen – alter Wein in neuen Schläuchen feilgeboten wird.

Eine besondere Kategorie bilden die – schwer zu bewertenden – Pionierarbeiten (Abb. 3c), die einem zuvor kaum beachteten Fragenkomplex gewidmet sind. Sie kommen typisch mit wenig Literatur aus (es gibt keine) und erreichen erstaunliche Resultate (die ersten Meter eines Turms sind rasch gebaut). Auch in dieser Kategorie müssen die Betreuer entscheiden, ob das Thema wirklich relevant ist; wenn die Arbeit ein erratischer Block ohne Einfluss auf folgende Arbeiten bleibt, hätte man den Aufwand sinnvoller einsetzen können.

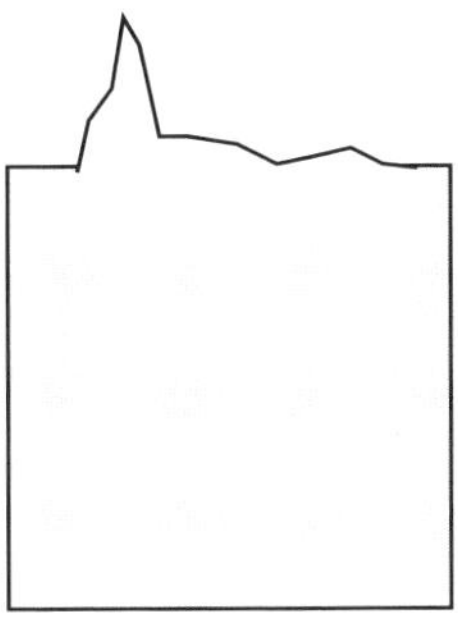

Abb. 3a:
L'art pour l'art

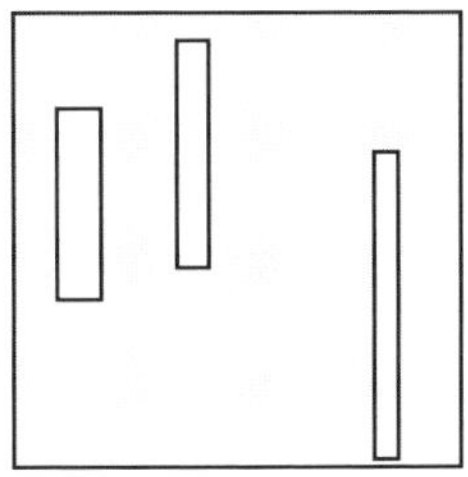

Abb. 3b: Alter Wein
in neuen Schläuchen

Abb. 3c:
Pionierleistung

3.2 Breite und Tiefe

Wissenschaftliche Arbeiten können einen bestimmten, schmalen Aspekt bis in die vermeintlich letzte Verästelung ausloten oder ein größeres Gebiet weniger eingehend behandeln; im letzten Fall hat die Arbeit „Breite“ (Abb. 4a), im ersten „Tiefe“ (Abb. 4b).

Wieviel von beidem zweckmäßig ist, ergibt sich aus der Aufgabenstellung. Meist ist eine Kombination notwendig, d.h. man schafft zunächst eine breite Basis und bearbeitet dann einen speziellen Ausschnitt. In einer Dissertation sollte unbedingt beides vorhanden sein (Abb. 4c). Es ist darum eine gute Idee, eine Dissertation breit anzulegen und erst dann tief zu graben, wenn das Gebiet gründlich erkundet ist.

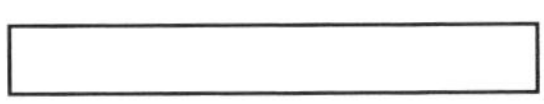

Abb. 4a:
nur breit

Abb. 4b:
nur tief

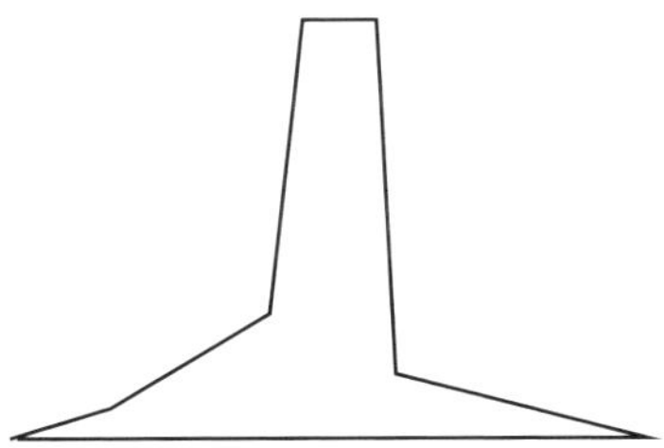

Abb. 4c:
breit und tief

3.3 Eigenständigkeit

Eine wissenschaftliche Arbeit muss, wie die betreffenden Ordnungen sagen, selbständig durchgeführt und nur mit den angegebenen Hilfsmitteln, insbesondere der zitierten Literatur, angefertigt sein. Das bedeutet hier vor allem, dass ungenannte Personen weder direkt noch als Autoren einer Textvorlage mitgewirkt haben.

Eigenständigkeit ist aber nicht Isolation; diese ist schon wegen des Ausbildungsaspekts (vgl. 7.2.3) ausgeschlossen. Ein Kandidat, der dem Betreuer sinnvolle Fragen stellt, ist nicht unselbständig, sondern offenbar gut zur wissenschaftlichen Arbeit geeignet. Betreuer und Prüfer sind also wichtige Quellen, auch wenn sie, soweit es sich um mündliche Information handelt, nicht explizit zitiert werden; ihr Beitrag ist durch die Angaben auf dem Titelblatt dokumentiert.

4. Wissenschaftliches Arbeiten

In den vorherigen Kapiteln haben wir das wissenschaftliche Prinzip und die Kriterien, denen eine wissenschaftliche Arbeit genügen muss, vorgestellt. Die folgenden Kapitel sollen – ganz im Sinne des Leitfadens – den Weg beschreiben, der zu einer wissenschaftlichen Arbeit führt. Die wichtigsten Teilstrecken sind dabei die **Planung** der Arbeit, die **Suche, Verwaltung und Aufarbeitung von Literatur** und die **Erstellung des Berichts**. Über den themenspezifischen Schwerpunkt der Arbeit kann hier natürlich nichts ausgesagt werden.

Abb. 5 zeigt die Tätigkeiten, die im Zuge der meisten wissenschaftlichen Arbeiten in der Informatik ausgeführt werden müssen, sowie die Methoden und Richtlinien, die diese Tätigkeiten unterstützen. Außer bei den Methoden des Software Engineerings, die nicht Gegenstand dieses Leitfadens sind, ist jeweils auf das Kapitel verwiesen, in dem diese Methoden und Richtlinien beschrieben werden.

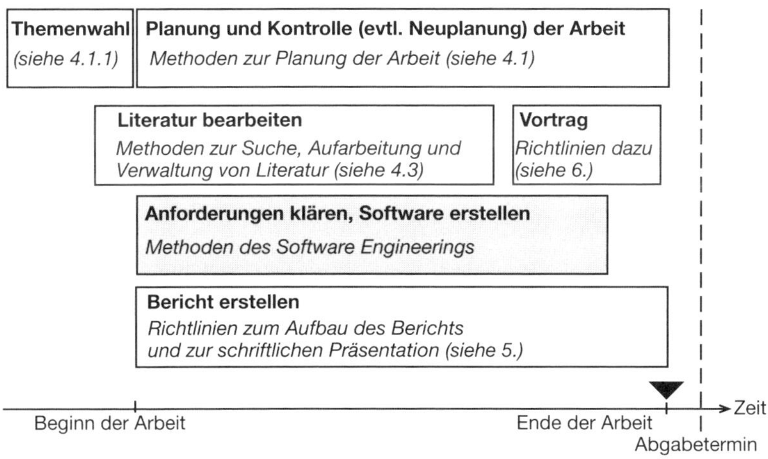

Abb. 5: Tätigkeiten, unterstützende Methoden und Richtlinien einer wissenschaftlichen Arbeit, hier am Beispiel einer Arbeit auf dem Gebiet des Software Engineerings

Man beachte, dass der Meilenstein „Ende der Arbeit" deutlich früher liegt als der Abgabetermin. Damit bleibt ein Puffer, der nur in Anspruch genommen wird, wenn es zu Verzögerungen kommt, die nicht eingeplant waren. Fehlt ein solcher Puffer, so wird in vielen Fällen der Bericht nicht mit der notwendigen Umsicht fertiggestellt und dadurch der Gesamteindruck erheblich beeinträchtigt.

4.1 Die Planung der Arbeit

Eine gute Betreuung ist für den Erfolg der Arbeit wesentlich. Noch wichtiger aber ist die Einstellung des Kandidaten, ob ihn also das Thema interessiert, vielleicht sogar herausfordert, ob er sich mit der Aufgabe identifiziert und aus den Zwischenresultaten zusätzliche Motivation schöpft – oder ob er versucht, den Schwierigkeiten auszuweichen, dem Betreuer aus dem Weg zu gehen und der Prüfungsordnung mit minimalem Aufwand zu genügen.

Aber auch ein interessantes Thema schützt den Kandidaten nicht davor, die Übersicht zu verlieren und unbemerkt in Zeitnot zu geraten; wenn sie auffällig wird, ist es für eine Kurskorrektur oft zu spät. Darum ist die Planung wichtig. Die Meilensteine geben Orientierung wie die Pricken im Wattenmeer.

4.1.1 Themenauswahl und Vorbereitung

Keine andere Einzelentscheidung ist für den Erfolg so wichtig wie die Wahl des Themas. Dies gilt insbesondere für die Abschlussarbeit, da sie den Zielpunkt des Studiums darstellt und dementsprechend auch in das Zeugnis eingeht. Daneben ist die Abschlussarbeit so etwas wie ein Aushängeschild bei der Stellensuche. Das Themengebiet wird als das Spezialgebiet des Bewerbers angesehen.

Aus diesen Gründen sollte der Kandidat die Wahl nicht spontan treffen, sondern alle erforderlichen Informationen beschaffen und in Ruhe abwägen. Dazu muss er auch die Arbeitsgebiete der einzelnen Abteilungen (Lehrstühle) kennen.

Die notwendigen Schritte sind:

- Themenbereiche bei den Abteilungen erfragen (Aushänge beachten)
- Alle Bekannten mit einschlägigen Erfahrungen (Fachschaft!) nach ihren Eindrücken an den verschiedenen Lehrstühlen und von den Betreuern und Prüfern fragen
- mit den potenziellen Betreuern sprechen und Voraussetzungen der Arbeiten klären
- Den Schwierigkeitsgrad der Arbeiten abschätzen: Mit einem sehr anspruchsvollen Thema besteht die Chance, eine „strahlende“ Arbeit vorzulegen, aber man kann daran auch leichter scheitern als an einem biederen.
- und nicht zuletzt: sich klar werden über die eigene Zielsetzung
(Wo liegt mein Hauptinteresse?
Bei welcher Art von Firma will ich mich nach dem Studium bewerben?)

Die Prüfungsordnungen verbieten es aus gutem Grunde, dass die Arbeiten Monate im Voraus vergeben werden. Es spricht aber nichts dagegen, am Lehrstuhl der Wahl allgemeine Absprachen zu treffen; wo die Kenntnis bestimmter Sprachen oder Werkzeuge notwendige Voraussetzung ist, bleibt gar keine andere Möglichkeit. Zwölf Monate Vorlauf sind in manchen Fällen durchaus nicht zu viel, um die einschlägigen Kurse zu besuchen. Man vergewissere sich dabei, dass sich beide Seiten gleichermaßen an die Absprachen gebunden fühlen!

Das Gespräch mit dem potenziellen Betreuer bringt nicht nur Klarheit über Themenbereich und Rahmenbedingungen, sondern liefert auch Hinweise darauf, mit welcher Intensität der Betreuung zu rechnen ist: Wer keine Zeit oder Lust hat, das Thema verständlich vorzustellen, wird vermutlich auch als Betreuer nicht viel mehr Einsatz zeigen. Eine persönliche Abneigung gegen Prüfer oder Betreuer spricht ebenfalls für eine Fortsetzung der Suche.

4.1.2 Die Zeitplanung

Jede Arbeit muss geplant werden. Um einen Zeitplan erstellen zu können, muss der Kandidat die Aktivitäten identifiziert haben, aus denen sich die Arbeit zusammensetzt. Dazu muss er die Aufgabenstellung klar verstanden haben.

Folgende Attribute definieren eine Aktivität:

- die eigentliche Aufgabenbeschreibung (z.B. Anforderungen definieren)
- das prüfbare Arbeitsergebnis (z.B. Spezifikation)
- der Termin für das Ende der Aktivität (z.B. 30.7.2005)
- mögliche Unteraufgaben (z.B. Anforderungen erfragen, ordnen, prüfen, korrigieren)

Nachdem die Aktivitäten identifiziert sind, werden sie an einem Zeitmaßstab aufgetragen; das Resultat ist ein einfaches Balkendiagramm, der **Zeitplan**.

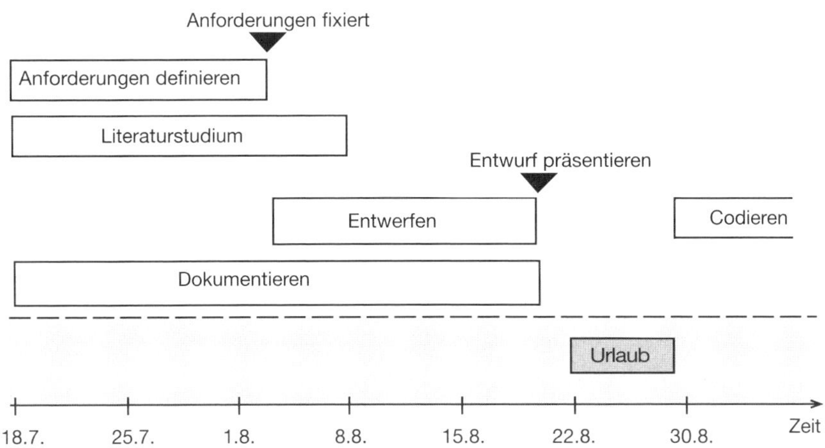

Abb. 6: Beispiel für einen Zeitplan (Fragment)

Der Zeitplan zeigt die Aktivitäten und Meilensteine über der Zeitachse. Er veranschaulicht somit die Abhängigkeiten zwischen den einzelnen Aktivitäten. Darüber hinaus muss der Zeitplan auch Aktivitäten enthalten, die nicht direkt zur Arbeit gehören, aber Zeit in Anspruch nehmen werden, also z.B. die Einarbeitung ins Thema und in die Arbeitsumgebung, aber auch eine geplante Ferienreise. Abb. 6 zeigt ein (nicht abgeschlossenes) Beispiel.

Der Betreuer muss dem Kandidaten bei der Planung helfen; erfahrungsgemäß plant dieser zu optimistisch und vergisst die Pufferzeiten, die notwendig werden, um die unvermeidlichen Störungen und Schwierigkeiten abzufedern. Auch gehen die Kandidaten immer wieder von der falschen Vorstellung aus, dass nach Abschluss der inhaltlichen Arbeiten nur noch einige wenige Tage Schreibarbeit notwendig seien. Man sieht das den Resultaten leider an.

Der Zeitplan ist das wichtigste Instrument zur Fortschrittskontrolle. Natürlich garantiert er nicht, dass alle Arbeiten wie geplant abgeschlossen werden. Aber er stellt den Maßstab dar, an dem die Fortschritte der Arbeit zu messen sind. Abweichungen sollten frühzeitig mit dem Betreuer diskutiert werden; je nach den festgestellten Ursachen ist eine Modifikation der Aufgabenstellung, eine Korrektur des Zeitplans oder im Extremfall auch ein Abbruch der Arbeit sinnvoll.

Nähere Aussagen zur Arbeits- und Zeitplanung sind z.B. in Frühauf et al. (2002) enthalten.

Zu Beginn der Arbeit müssen Kandidat und Betreuer regelmäßige Besprechungen vereinbaren. Diese haben gegenüber spontanen oder zufälligen Treffen den Vorteil, dass sich Betreuer und Kandidat darauf vorbereiten können. Der Kandidat bringt in diese Besprechungen alle Probleme und Fragen ein, auf die er bei der Arbeit gestoßen ist. Dazu gehören ggf. auch Vorschläge für Änderungen des Themas. Daneben ist eine wichtige Aufgabe dieser Treffen, dass Betreuer und Kandidat zusammen den Fortschritt der Arbeit überprüfen. Falls eine Verzögerung der Arbeit auftritt, muss sofort darauf reagiert werden.

Wenn es über die Ziele und Maßstäbe Differenzen oder Unklarheiten gibt, sollte der Kandidat nicht zögern, das Gespräch mit dem Prüfer zu suchen.

4.2 Arbeitsgestaltung

Psychologen und Arbeitswissenschaftler befassen sich seit langem mit der Frage, wie man seine Leistungsfähigkeit steigern kann; die Ratschläge dazu füllen Bände. Wir wollen damit nicht konkurrieren, sondern nur einige zentrale Prinzipien vorstellen, die unserer Meinung nach die Grundlagen für ein erfolgreiches wissenschaftliches (oder anderes geistiges) Arbeiten darstellen.

Schaffen Sie sich arbeitsfördernde Bedingungen! Dazu gehören

- ein angenehmer Arbeitsplatz; nur wer in einer Umgebung arbeitet, in der er sich wohlfühlt, kann seine Leistungsfähigkeit voll ausschöpfen.
- ein glatter Einstieg ohne Hürden; wer z.B. zunächst nach seinen Arbeitsmitteln suchen muss, verschwendet einen Teil seiner Energie.
- feste Arbeitsgewohnheiten, z.B. Zeiteinteilung und Pausenregelung.

Formulieren Sie überprüfbare Teilziele! Zielloses Arbeiten verbraucht Zeit und Energie, liefert aber kein Ergebnis. Bei jeder Tätigkeit sollten zu Beginn die Ziele, die erreicht werden sollen, bestimmt und schriftlich formuliert werden.

Die Formulierung der Ziele ist aber sinnlos, solange nicht überprüft wird, wie weit sie erreicht werden. Deshalb müssen Sie einen **Kontrollmechanismus** einführen, der zu einem regelmäßigen Soll-Ist-Vergleich zwingt. Ein Zwang wird meist schon dadurch erreicht, dass die Ziele permanent sichtbar sind: Zeitvorgaben werden kurzfristig mit Arbeitszeitlisten und langfristig mit einem Wandkalender kontrolliert, jedes Ziel wird auf einer Karte notiert, die man an die Wand heftet und erst abnimmt, wenn das Ziel erreicht ist.

Schließlich noch eine Bemerkung zu den **Werkzeugen**: Ein guter Ingenieur hebt sich vom Handwerker dadurch ab, dass er die Probleme nicht an der Maschine löst, sondern auf der Zeichnung. Das gleiche gilt für den guten Informatiker, auch er braucht (zunächst) vor allem Papier und Bleistift, nicht Rechner und Compiler. Die wesentliche Tätigkeit ist die Aufarbeitung und Fortsetzung anderer wissenschaftlicher Arbeiten, nicht die Textverarbeitung (vgl. dazu auch 5.7). Besonders unergiebig ist die Arbeit am Rechner, wenn der Kopf leer ist; die Muse küsst uns am Bildschirm nicht. Und es gilt auch hier die CASE-Tool-Weisheit: *A fool with a tool is still a fool!*

Selbst bei der Entwicklung einer Bedienoberfläche kann der Rechner hinderlich sein: In einem unserer Projekte kamen die Studenten erst voran, als sie sich von der Vorstellung lösten, dass man eine Oberflläche am besten auf dem Bildschirm entwirft. Auf dem Papier ging es weit besser.

Der Rechner ist *später* sehr nützlich, wenn wir die Resultate sauber dokumentieren und verwalten wollen. Vielen zukünftigen Informatikern mangelt es dazu allerdings an den einfachsten handwerklichen Fähigkeiten. Wer jeden Tag mit Tastaturen zu tun hat, sollte sie auch handhaben können, blind und mit allen zehn Fingern.

4.3 Der Umgang mit der Fachliteratur

Im Kapitel 3 wurde dargelegt und begründet, dass wir – anders als die möglichst originellen Künstler – in wissenschaftlichen Arbeiten alle geeigneten und verfügbaren Resultate anderer Forscher zugrunde legen.

Die meisten dieser Resultate liegen in gedruckter Form oder elektronisch vor: Zeitschriftenartikel, Bücher, Tagungsbände, Dissertationen, Abschlussarbeiten usw. Das heißt, eine wesentliche Tätigkeit der wissenschaftlichen Arbeit ist der Umgang mit (realem oder virtuellem) Papier. Sorgfältig recherchierte und aufgearbeitete Literatur liefert das wesentliche Fundament der Arbeit und hilft, Wiederholungen und Luftschlösser zu vermeiden.

Wie Abb. 5 (S. 25) andeutet, ist der Umgang mit Literatur ein Prozess, der mit der Suche, Beschaffung und Verarbeitung von Publikationen beginnt und schließlich als sichtbares Ergebnis der Arbeit eine neue Veröffentlichung hervorbringt; dabei laufen diese Tätigkeiten nicht nacheinander ab, sondern verzahnt, wobei das Hauptgewicht anfangs auf dem Sammeln liegt, um sich dann auf die Auswertung und am Ende auf die eigene Ausarbeitung zu verlagern. Nur der systematischen Darstellung wegen sind sie hier nacheinander beschrieben.

4.3.1 Literaturtypen

Im ersten Schritt der Literaturarbeit sucht man einschlägige Publikationen, und zwar zunächst im logischen Sinne, also *Literaturangaben*. Dazu muss man wissen, welche Publikationen es gibt und wo Literaturangaben zu finden sind. Tabelle 1 zeigt die Arten der Fachliteratur mit ihren Vor- und Nachteilen.

Alle vier Kategorien bieten Literatur der unterschiedlichsten Qualität; grob – und in einzelnen Fällen unzutreffend – kann man sagen, dass ein renommierter Verlag weniger Schund auf den Markt bringt als ein Hinterhof-Vervielfältiger, der von „Tipps und Tricks"-Büchern lebt. Entsprechend ist es auf einer bekannten internationalen Tagung schwieriger als auf einem regionalen Workshop, ein windiges Paper unterzubringen. (Die Tatsache, dass eine Tagung weit weg stattgefunden hat, ist allerdings kein Qualitätsmerkmal.) Beiträge in wissenschaftlich renommierten Zeitschriften, wie sie von den großen Verbänden herausgegeben werden (z.B. IEEE Transactions on Software Engineering, Communications of the ACM, GI Informatik-Spektrum) werden referiert, d.h. von Gutachtern streng gesiebt und meist noch nach deren Hinweisen verbessert. Nichtreferierte Zeitschriften sind daher nur mit größter Vorsicht zu verwenden. Der Betreuer kann bei der Wahl der in Frage kommenden Zeitschriften helfen.

Typ	**Vorteile**	**Nachteile**
Lehrbuch	leicht zu beschaffen inhaltlich umfassend eher distanziert, vergleichend (d.h. fast objektiv)	selten sehr aktuell oft unspezifisch für neue Forschungsgebiete nicht vorhanden
Zeitschriftenartikel	themenspezifisch aktuell	oft einseitig (Autor ist auf die Stärken seiner Idee konzentriert)
Beitrag im Tagungsband	wie Zeitschriftenartikel, aber noch aktueller	wie Zeitschriftenartikel, aber weniger ausgereift
Text im Web	schnell und leicht zu finden leicht zu kopieren	Qualität ungesichert nicht stabil referenzierbar Status und Rechte oft unklar

Tab. 1: Arten der Fachliteratur

4.3.2 Umgang mit Quellen im Web

Ein besonderes Problem stellen die Texte dar, die man im Web findet. Einerseits bietet uns das Web in Verbindung mit Suchmechanismen wie Google Möglichkeiten, von denen noch zu Beginn der Neunzigerjahre niemand auch nur träumen konnte. Wenige Tastenberührungen zaubern uns Informationen vom ganzen Globus auf den Bildschirm. Wer zudem ein schnelles Netzwerk installiert hat, meint leicht, alles Wissen in Reichweite zu haben.

Aber so einfach liegt die Sache leider nicht. Denn dem Vorteil, dass wir auf nahezu alle öffentlichen Webseiten rasch und kostenlos zugreifen können, stehen gravierende Nachteile gegenüber:

- Ältere Texte (bis etwa 1990 oder sogar 1995) stehen nur in Ausnahmefällen im Web. Damit sind beispielsweise im Software Engineering viele besonders wichtige ältere Publikationen nicht sichtbar.
- Ein Verlag, der einen Text in einer Zeitschrift oder in einem Buch druckt, hat natürlich kein Interesse daran, den Text ins Web zu stellen und damit zu verschenken. Auch der Autor selbst darf seinen Text nicht offerieren. Da die besten Arbeiten in hochwertigen Zeitschriften publiziert werden, gibt es im Web überwiegend zweit- und drittklassiges Material, das keiner Qualitätssicherung unterworfen ist.
- Bei Zitaten im Web muss man sehr genau prüfen, ob alles stimmt. Falsche Zahlen, Fehler in Namen usw. sind eher die Regel als die Ausnahme.
- Wer einen Text ins Web stellt, handelt in aller Regel nicht aus Nächstenliebe, sondern verfolgt ein Ziel; meist will er etwas verkaufen. Da die Angebote nicht von einer unabhängigen Stelle auf Korrektheit und Neutralität geprüft werden, ist von offenkundigem Schrott bis hin zu subtiler Einflussnahme alles zu finden.
- Wenn in einer Fachzeitschrift trotz strengen Kontrollen etwas Falsches gedruckt wurde, erscheint in einem der folgenden Hefte eine Korrektur, oft in Form eines Briefs, den ein aufmerksamer Leser verfasst hat. Das Web bietet keine solchen Mechanismen an.
- Was heute im Web steht, ist morgen mit beträchtlicher Wahrscheinlichkeit verändert, unter einer anderen URL zu finden oder einfach verschwunden. Darum sind URLs als Referenzen in einer Publikation nahezu wertlos. Selbst wenn ein Leser unter dieser URL noch etwas findet, kann er nicht wissen, ob der Inhalt gleich geblieben ist.

Aus diesen Gründen ist das Web außerordentlich hilfreich, wenn es darum geht herauszufinden, was ganz aktuell auf einem bestimmten Gebiet weltweit passiert, welche Personen auf diesem Gebiet einen Namen haben und welche Publikationen zur Einarbeitung geeignet sind. Danach tritt das Web aber in den Hintergrund, denn am Ende müssen Quellen zitiert werden, die langfristig stabil und zugänglich sind; das sind vorerst nur die gedruckten Medien.

Natürlich gilt diese Einschätzung von Texten im Web nicht, wenn Verlage einzelnen Personen oder Personengruppen, meist gegen atemberaubende Gebühren, ihre Zeitschriften auch elektronisch zugänglich machen. In diesem Fall sind die Vorteile beider Publikationsformen kombiniert, der Benutzer hat sowohl raschen Zugriff als auch – durch die Existenz der gedruckten Ausgabe – eine Garantie für Qualität und Stabilität. Allerdings sollte sich der Benutzer hüten, andere Quellen zu ignorieren, die nicht so mühelos zu finden sind.

4.3.3 Literatursuche

Literaturangaben findet man außer in der Literatur selbst in einigen speziellen Quellen. Für die hier betrachteten Arbeiten kommen in Frage (Abb. 7):

- Referenzen im Web, die man durch Suche mit den Namen der Koryphäen (die kennt hoffentlich der Betreuer) oder unter passenden Stichwörtern findet
- Literaturliste in der Aufgabenstellung
- Hinweise des Betreuers und anderer Fachleute
- Referenzen in einer möglichst aktuellen Veröffentlichung
- Jahrgangsregister in Zeitschriften (meist im letzten Heft jedes Jahrgangs, nach Autoren und nach Sachgebieten geordnet)
- Bibliothekskataloge (Stichwort-Katalog, systematischer Katalog)
- Literaturdatenbanken

Vor allem durch eine aktuelle Veröffentlichung mit guten Literaturangaben wächst die Literaturliste oft lawinenartig an, denn man findet Arbeiten, die weitere interessante Referenzen enthalten usw. Um nicht in Papier zu ertrinken, muss man dann die auszuwertende Literatur wieder stark einschränken. Zuvor braucht man allerdings einen gewissen Überblick, sonst läuft man Gefahr, Wichtiges auszugrenzen. Man sollte die Literatur also zu Beginn oberflächlich auswerten, wie es im ersten Schritt der PQ4R-Methode (siehe 4.3.6) beschrieben ist.

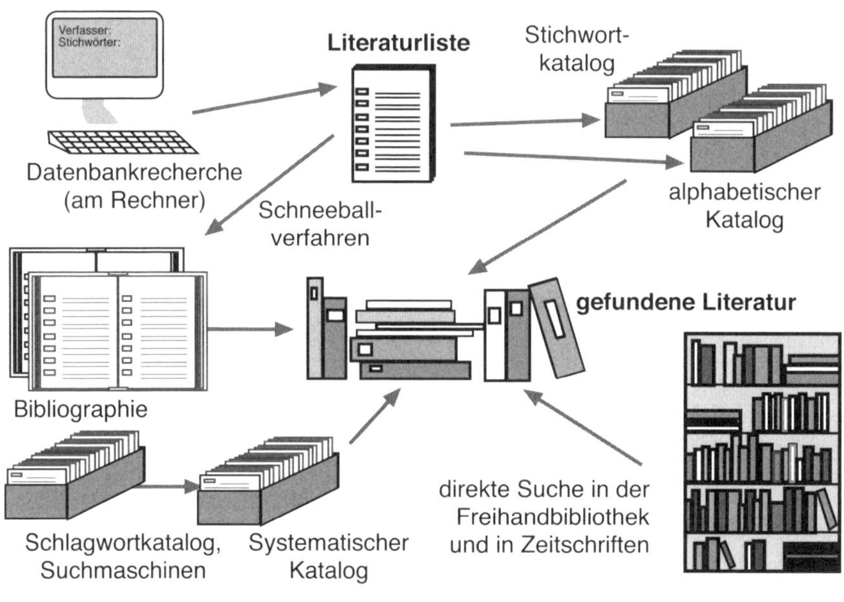

Abb. 7: Literatursuche

Wenn die Quellen nicht im Web zu finden sind, kann man im **systematischen Katalog** der Bibliothek mit der Suche beginnen. Dort sind die Veröffentlichungen hierarchisch nach Sachgebieten geordnet. Allerdings ist dieser Katalog selten aktuell und enthält keine einzelnen Zeitschriftenartikel. Ähnliches gilt für den **Stichwortkatalog**, der meist nur auf einer oberflächlichen Auswertung der Literatur beruht, vor allem der Titel.

Steht eine gut sortierte Handbibliothek zur Verfügung, so können die Veröffentlichungen auch direkt gesucht werden. Insbesondere bei Zeitschriften und Tagungsbänden, die nirgends systematisch erfasst sind, ist es sinnvoll, direkt zu suchen. Einmal jährlich, meist im letzten Heft, erscheint ein **Jahresregister**. Dieses ist meist in zwei Formen abgedruckt, nach Verfassern und nach Sachgebieten geordnet; man durchsucht die Register der jüngsten Jahrgänge nach Artikeln im gewünschten Fachgebiet. In ähnlicher Weise kann man die **Inhaltsverzeichnisse** der neueren Tagungsbände themennaher Konferenzen durchsehen.

Die **Literaturdatenbanken**, die früher als mächtigstes Instrument der Literatursuche galten, spielen – wenigstens in der Informatik – keine Rolle mehr. Die Präsenz der Informationen im Web macht diese eindrucksvollen, aber auch schwerfälligen und meist nicht aktuellen Sammlungen überflüssig.

4.3.4 Literaturbeschaffung

Hat man eine vollständige Literaturangabe, so kann man die Arbeit auch beschaffen. Im günstigsten Fall steht sie im Web; dann kann man sie am Bildschirm oberflächlich prüfen und bei Eignung speichern, eventuell auch ausdrucken. Handelt es sich um Bücher und Tagungsbände, so findet man sie über den **alphabetischen Katalog** der Bibliothek, der nach den Namen der Verfasser oder Herausgeber geordnet ist. Fehlt das Buch in der eigenen Bibliothek, so kann man es über die Fernleihe aus einer anderen bestellen, muss dann allerdings oft mehrere Wochen darauf warten. In schwierigen Fällen kann es sich durchaus lohnen, zur Literatur zu reisen (z.B. an eine große Universitätsbibliothek).

Zeitschriften sind nur mit ihren Namen (z.B. „Journal of Systems and Software") und meist separat katalogisiert. Da Zeitschriften-Abonnements viel Geld kosten, sind in kleineren Bibliotheken nur wenige Zeitschriften vorhanden; fehlt das Benötigte, so suche man bei den Bibliothekaren Rat. Um einen bestimmten Artikel zu finden, braucht man Jahrgang und Seitenzahl, eventuell auch die Heftnummer, wenn die Seiten eines Jahrgangs nicht fortlaufend nummeriert sind. Ist nur der Jahrgang bekannt, dann hilft das Register, meist im letzten Heft jedes Jahrgangs abgedruckt.

Zeitschriftenartikel und Tagungsbeiträge sollten kurz geprüft und bei Eignung am besten kopiert werden, da sie in der Regel nicht verliehen werden.

Tabelle 2 fasst die zur Beschaffung notwendigen Angaben zusammen. Wer je Probleme mit schlampigen Literaturangaben hatte, sollte vom schlechten Vorbild lernen und *seinen* Lesern diesen überflüssigen Ärger ersparen.

Typ der Publikation	**zum Auffinden notwendige Angaben**	**weitere Angaben in der Referenz**
Lehrbuch	Autor, Titel; Auflage, falls nicht 1. Aufl.	Verlag, Erscheinungsort
Zeitschriftenartikel	Zeitschrift, Jahrgang, Seitenzahlen, evtl. Heftnummer	Autor, Titel des Artikels
Beitrag im Tagungsband	Herausgeber (oder Reihe), Name der Tagung, Jahr, Seiten	Autor, Titel des Beitrags

Tab. 2: Angaben zum Auffinden und Referenzieren der Literatur

4.3.5 Literaturverwaltung

Gleichzeitig mit der Suche und Beschaffung der Literatur muss das gefundene Material registriert werden. Dabei spart es viel Arbeit, die Registrierung unverzüglich durchzuführen, d.h. die entdeckten Literaturangaben sollten sofort in die eigene Sammlung von Referenzen übernommen werden (siehe Abb. 8).

Hier wird eine Verwaltung mit Karteikarten beschrieben; die Aussagen lassen sich natürlich auf eine Speicherung in einer Textdatei oder in einer Datenbank übertragen. Man sollte die Vorteile der traditionellen Techniken aber nicht

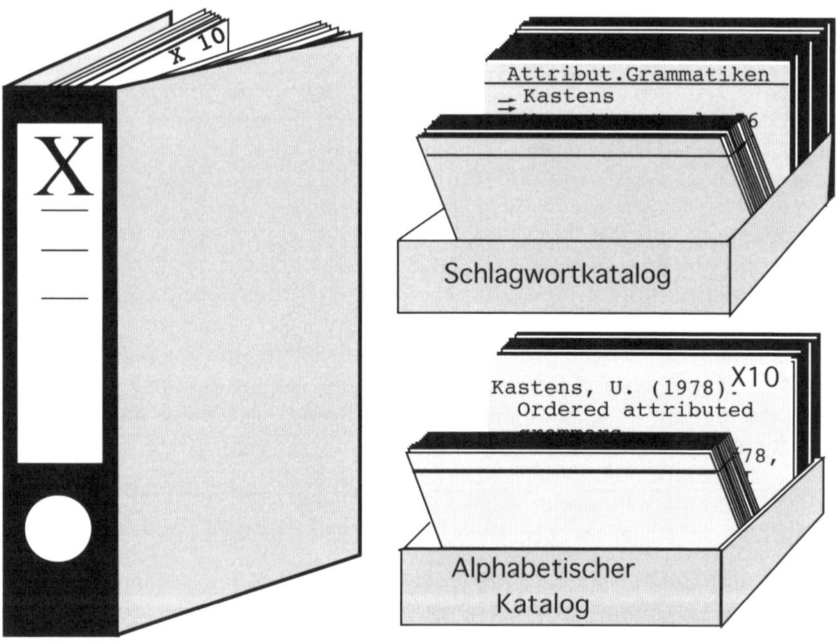

Abb. 8: Der Zusammenhang zwischen Schlagwortkatalog, alphabetischem Katalog der Urheber und der Ablage im Ordner

unterschätzen: Karteikarten kann man leicht mitnehmen und ohne Hilfsmittel ausfüllen. Wer mehrere Jahrzehnte mit einer Literaturkartei gearbeitet hat, schätzt zudem die Tatsache, dass die vielen Generationen von Hard- und Software, die in dieser Zeit durch das Land gezogen sind, den Karteikarten ebensowenig schaden konnten wie Netzausfälle und Festplatten-Defekte.

Karteikarten im Format DIN A6 haben sich zur Registrierung bewährt. Sie sollten die in der Tabelle 2 genannten Informationen enthalten, außerdem den Standort, also bei entliehenen Materialien die Bibliothek und Signatur der Veröffentlichung, bei eigenen Materialien den Platz in der eigenen Sammlung; Kopien legt man am besten in Ordnern ab, die durch Buchstaben bezeichnet sind, und nummeriert sie fortlaufend. Die Signatur „X 10" auf einer Karteikarte gibt an, dass der zugehörige Artikel in dem Ordner „X" als zehnte Kopie zu finden ist (am besten rückwärts abgelegt, also X10 vor X9 geheftet, usw.).

Weitere Angaben auf den Karteikarten sind:

- das Datum der Aufnahme (um Inkonsistenzen auflösen zu können)
- Stichwörter oder eine Inhaltsangabe
- ggf. der Ausleiher (mit Datum)

Eine zweite Kartei, nach Stichwörtern geordnet, wird sinnvoll, wenn man den Überblick zu verlieren droht (typisch bei der Vorbereitung einer Dissertation). Jede Karte darin enthält Querverweise auf den alphabetischen Katalog.

4.3.6 Literaturaufarbeitung

Bei der Auswertung der Literatur kommt es darauf an, die zentralen Aussagen zu erkennen und für die eigene Arbeit aufzunehmen. Eines der Verfahren zur Bearbeitung der Literatur ist die PQ4R-Methode, eine Weiterentwicklung der SQ3R-Methode von Francis Robinson, 1941. Bei langen Texten und Büchern kann es kapitelweise angewandt werden.

Schritt 1: (**P**review) Verschaffen Sie sich einen Überblick. Autor, Titel und Untertitel, Verlag und Veröffentlichungsreihe, Erscheinungsjahr und Auflage, Vorwort und Inhaltsverzeichnis sind wichtige Hinweise zur groben Einordnung. Danach sollte der Text „diagonal gelesen" werden, also vor allem Überschriften, Bildlegenden, Hervorhebungen.

Schritt 2: (**Q**uestions) Leiten Sie aus dem gewonnenen Überblick Fragen ab, die Sie mit dem Text beantworten wollen. Schreiben Sie die Fragen auf.

Schritt 3: (**R**ead) Lesen Sie den Text und versuchen Sie, Ihre Fragen zu beantworten. Streichen Sie die relevanten Stellen an oder, falls es nicht Ihr eigenes Papier ist, schreiben Sie sie heraus (mit genauer Quellenangabe!).

Schritt 4: (**R**eflect) Setzen Sie den Inhalt beim Lesen laufend in Bezug zu bereits Bekanntem, suchen Sie Argumente oder Gegenargumente, Beispiele oder Gegenbeispiele.

Schritt 5: (**R**ecite) Versuchen Sie den Text (mündlich) in eigenen Worten wiederzugeben.

Schritt 6: (**R**eview) Gehen Sie den gesamten Text rückblickend durch. Konnten alle Fragen geklärt werden? Formulieren Sie eine abschließende Kritik auf der Rückseite der Karteikarte, die diesen Text erfasst!

Stellt sich bei einem der Schritte heraus, dass der Aufwand nicht den erwarteten Nutzen bringt, so kann man den Text in der Kartei kurz charakterisieren (damit man ihn nicht später ein zweites Mal prüft) und ignorieren.

4.3.7 Literaturverweise und -angaben

In 4.3.4 wurde schon gesagt, welche Angaben zur Literatur notwendig sind. Die folgenden Beispiele sind am so genannten Harvard-System orientiert, wo fettgedruckt wird, was im Katalog einer Bibliothek eingetragen ist, also der Buch- oder Zeitschriftentitel. Man kann natürlich auch einen anderen Stil wählen, doch sollte man sich in jedem Fall für eine standardisierte Form entscheiden. Denn bei einer Eigenerfindung überwiegen erfahrungsgemäß die Nachteile.

Die **Literaturangaben**, also die vollständigen Bezeichnungen der Quellen, werden alphabetisch nach dem (ersten) Autor geordnet; ist dieser mehrfach in der Liste vertreten, so ist die Reihenfolge durch das Erscheinungsjahr bestimmt. Der Titel des Buches, des Tagungsbandes oder der Zeitschrift (mit Angabe des Jahrgangs) ist **fett** gesetzt. In der folgenden Literaturliste sind Beispiele für Bücher (Boehm, 1981; Sebesta, 1989), Beiträge in Tagungsbänden, Zeitschriftenartikel (Dittrich et al., 1985; Card, Church, Agresti, 1986; Wirth, 1987a), Berichte und Dissertationen (IEEE, 1990; Wirth, 1987b; Zuse, 1985) enthalten. Unveröffentlichte Schriften, also solche, die nicht offiziell zugänglich sind (McCall, Matsumoto, 1980), und private Mitteilungen (*private communication*) (Wirth, 1987c) zitiert man nur im Notfall, um die Urheber einer Information oder eines Gedankens zu würdigen, obwohl die Urheberschaft durch keine echte, d.h. verfügbare Publikation belegt ist.

Die Beispiele zeigen auch, wie man verfährt, wenn ein Autor mit derselben Jahreszahl mehrfach vertreten ist. Gibt es mehr als drei Autoren, so wird der Verweis (nicht die Angabe) abgekürzt. Der folgende (inhaltlich sinnlose) Text zeigt weitere Beispiele für **Literaturverweise**. Wo auf einen speziellen Punkt einer längeren Arbeit Bezug genommen wird, ist auch die Seite anzugeben. Die serifenlose Schrift kennzeichnet hier das (fiktive) Beispiel!

> Das Problem der Programmfamilien wurde von Parnas (1978) behandelt. Eine sehr spezielle objektorientierte Programmiersprache ist Oberon (Wirth, 1987a, 1987b). Ursprünglich war darin eine sehr einfache Speicherzuteilung vorgesehen (Wirth, 1987c). Durch Allokation auf der Halde (dem *heap*) kann man diesem Problem ausweichen (vgl. Sebesta, 1990, p. 231 ff.). Mit DAMOKLES haben Dittrich et al. (1985) ein „non-standard Data Base System" realisiert. Wenn die Wartungskosten der Software nicht berücksichtigt werden, sind die Ergebnisse oft überraschend (Card, Church, Agresti, 1986).

Boehm, B.W. (1981): **Software Engineering Economics**. Prentice Hall, Inc., Englewood Cliffs, New Jersey.

Card, D.N., V.E. Church, W.W. Agresti (1986): An empirical study of software design practices. **IEEE Transactions on Software Engineering, SE-12,** 2, 264–271.

Dittrich, K.R., A.M. Kotz, J.A. Mülle, P.C. Lockemann (1985): Datenbankunterstützung für den ingenieurwissenschaftlichen Entwurf. **Informatik-Spektrum, 8,** 113–125.

IEEE (1990): Standard glossary of software engineering terminology. **IEEE Std 610.12-1990**.

McCall, J.A., E.T. Matsumoto (1980): Report RADC-TR-80-109, Vol. I (Software Quality Metrics Enhancements) und Vol. II (Software Quality Measurement Manual). Rome Air Development Center, unveröffentlicht.

Parnas, D.L. (1978): Designing software for ease of extension and contraction. **3rd Intern. Conf. on SE**, IEEE Comp. Soc. Press, pp.264–277. auch in **IEEE Transactions on Software Engineering**, **SE-5**, 3 (1979).

Sebesta, R.W. (1989): **Concepts of Programming Languages**. Benjamin/Cummings, Redwood City, California, etc.

Wirth, N. (1987a): Extensions of record types. **SIGCSE-Bulletin, 19**, 2, 2–9.

Wirth, N. (1987b): **From Modula to Oberon and the programming language Oberon**. Bericht 82 des Instituts für Informatik, ETH Zürich, September 1987

Wirth, N. (1987c): Realisierung der Speicherzuteilung in Oberon mit „implementation hints“. Private Mitteilung.

Zuse, H. (1985): **Meßtheoretische Analyse von statischen Softwarekomplexitätsmaßen**, Technische Universität Berlin, Fachbereich Informatik, Dissertation.

Aus unerfindlichen Gründen ist es üblich, die Literaturangaben im kleinsten verfügbaren Font ohne Zwischenräume und sonstige optische Struktur zusammenzupressen. Eigentlich schade, wenn man bedenkt, dass die Referenzen nicht selten der brauchbarste Teil einer Veröffentlichung sind! Randausgleich schadet allerdings oft mehr, als er nützt.

Beim Abschluss der Arbeit sollte man prüfen, ob genau die im Text referenzierten Publikationen – und nur diese – auch in der Literaturliste enthalten sind, ob also Literaturverweise und -angaben konsistent sind. Dabei kann eine geschickt genutzte Textverarbeitung sehr hilfreich sein (z.B. durch automatische Erstellung einer Liste der Verweise zum Abgleich gegen die Liste der Literaturangaben).

5. Aufbau und Inhalt des Berichts

5.1 Ziele, Anforderungen

Jede Studien-, Abschluss- und Doktorarbeit wird durch eine mehr oder minder umfangreiche Schrift dokumentiert. Die Assoziation zwischen Arbeit und Schrift ist so eng, dass man letztere auch als „die Arbeit“ bezeichnet, obwohl sie nur das *Resultat* der Arbeit darstellt. Um den Unterschied hier klar zu machen, sprechen wir vom **Bericht**. Der Bericht ist also das – im allgemeinen auf Papier abgegebene – Resultat einer Arbeit.

Berichte werden nicht für ihre Verfasser geschrieben, sondern für Leser, die

- für das Lesen gewonnen werden müssen
- möglichst wenig Mühe und Zeit für das Lesen verwenden wollen
- einen Gegenwert erwarten (in der Regel neue Einsichten)
- sich für das Thema des Texts interessieren, davon aber weniger wissen als der Verfasser

Ob diese Ziele erreicht werden, hängt wesentlich davon ab, wie der Stoff aufbereitet und dargestellt wird. Wenn sich ein Mensch intensiv mit einem Thema befasst, fällt es ihm schwer, sich in einen Leser oder Zuhörer zu versetzen, der den Hintergrund, die Vorgeschichte und die Randbedingungen der Arbeit nicht oder nur oberflächlich kennt. Die Gespräche mit dem Betreuer führen den Kandidaten eher in die falsche Richtung, denn der Betreuer ist typisch sehr gut informiert, fast so gut wie der Kandidat selbst; oft hat er an der Abschlussarbeit großes Interesse, weil er sich davon einen Beitrag zu seiner Dissertation erhofft. Meist braucht der Betreuer weniger einen Bericht als eine Dokumentation der entwickelten Software. Das ist aber nicht Sinn der Arbeit!

Und am Ende wird die Note nicht vom Betreuer bestimmt, sondern vom Prüfer (oder in vielen Fällen von zwei Prüfern). Der Prüfer stützt sich vorwiegend auf den Bericht, der Zweitprüfer ausschließlich. Darum muss der Bericht inhaltlich und formal abgeschlossen sein, der Kandidat darf nicht darauf vertrauen, dass der Adressat schon weiß, worum es geht und was gemeint ist.

Entsprechend gibt es für Berichte Regeln. Sie zielen darauf,

- möglichst deutlich zu machen, wer von dem Bericht profitieren könnte (und damit auch, wer mit dem Lesen nur seine Zeit verschwendet)
- den Zugang zum Thema zu erleichtern
- das Lesen so angenehm wie möglich zu machen, sowohl durch die äußere (Kap. 6) wie auch durch die inhaltliche Gestaltung, beispielsweise durch eine leicht erkennbare und mit dem Inhalt korrespondierende Gliederung
- alles so knapp wie möglich darzustellen

Der Leser ist dem Verfasser des Berichts ausgeliefert, er kann wohl langsamer oder schneller lesen, zurückblättern und wiederholen, er kann auch das Lesen unterbrechen, wenn die Konzentration nachlässt. Er kann aber nicht – wie im Vortrag – Fragen stellen. Das muss der Autor berücksichtigen. Darum ist im Vortrag vieles akzeptabel, was für den Bericht nicht taugt. Man kann wohl hemdsärmelig sprechen, sollte aber beim Schreiben größte Disziplin wahren – und wiederholt lesen, was später andere lesen sollen.

5.2 Bestandteile und Entstehung eines Berichts

5.2.1 Komponenten

Ein Bericht enthält typisch folgende Komponenten, die hier in der meist (nicht immer) sinnvollen Sequenz genannt sind. Natürlich *entstehen* die Kapitel in einer ganz anderen Reihenfolge (siehe 5.2.2).

Deckblatt mit allen bibliografischen Angaben, Zusammenfassung

Inhaltsverzeichnis, evtl. auch Verzeichnis der Abbildungen, Tabellen usf.

Aufgabenstellung

Übersicht der einschlägigen Literatur und anderer Grundlagen

Eigener Lösungsansatz

Beschreibung der Lösung (Ausführung)

Resultate, Bewertung

Kritischer Rückblick auf den Verlauf der Arbeit

(Anhänge)

Literaturverzeichnis

Titel und Zusammenfassung bilden zusammen das Schaufenster jedes Berichts. Wie in einem realen Schaufenster sollte auf kleinem Raum genau das gezeigt werden, was tatsächlich vorhanden ist, nicht mehr und nicht weniger. Ist zuviel angeboten, so entsteht beim Leser der Eindruck der Hochstapelei; andererseits geht mancher Interessent verloren, wenn Hinweise auf wichtige Resultate fehlen. Heute wird allgemein auch eine englische Übersetzung der Zusammenfassung (ein **Abstract**) gefordert.

Das **Inhaltsverzeichnis**, also die kompakte Zusammenstellung der Überschriften, soll Struktur und Schwerpunkte der Arbeit zeigen. Daher müssen die Überschriften aussagekräftig sein, gewissermaßen kürzeste Zusammenfassungen des jeweiligen Inhalts, nach Möglichkeit nicht mehr als eine Zeile, die keine Abkürzungen enthält. Da sich während der Arbeit im Inhalt noch oft Verschiebungen und Veränderungen ergeben, sollten die Überschriften am Ende überprüft und korrigiert werden. Textsysteme erzeugen das Inhaltsverzeichnis automatisch. Dabei sollte man nicht die volle Schachtelungstiefe wiedergeben, zwei Ebenen sind in der Regel genug, sonst wird das Inhaltsverzeichnis selbst unübersichtlich und verfehlt seinen Zweck!

Die **Übersicht der einschlägigen Literatur und anderer Vorarbeiten** beschreibt die Ausgangssituation der Arbeit („Was war vorhanden, als ich begonnen habe?").

Der **eigene Lösungsansatz** ist das Herz der Arbeit. Es sollte nicht vom folgenden Teil, der **Lösungsbeschreibung**, dominiert werden. Leider fehlt gerade dieser zentrale Teil in vielen Berichten (Abb. 9). Ein paar Sätze zum Thema, und dann ab in die Codeebene! Das ist wie ein Festessen, bei dem der Hauptgang fehlt. Dieser Punkt scheint den meisten Studenten große Mühe zu bereiten. Tipp: Prüfen Sie sorgfältig, ob Sie wirklich beschrieben haben, warum und wie Sie den Ansatz gewählt haben, der Ihrer Lösung zu Grunde liegt! Ist die Argumentation lückenlos? Sind die Alternativen beschrieben, und sind die Entscheidungen plausibel begründet?

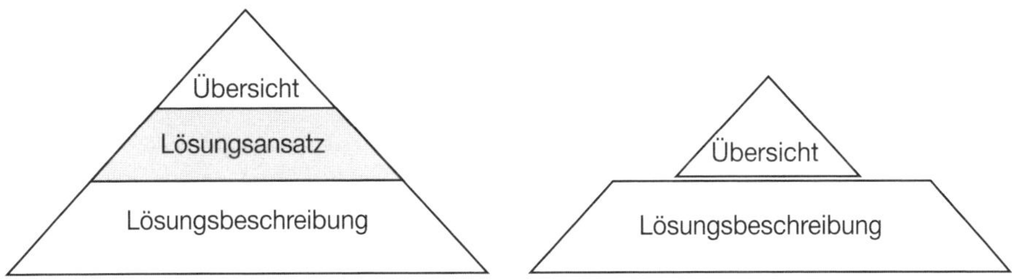

Abb. 9: Die Darstellung des Lösungsansatzes:
links: Wie die Struktur sein sollte; rechts: Wie sie leider oft ist

Die **Resultate** sind die Ernte, die mit der Arbeit eingefahren wird. Die **Bewertung** ordnet diese Resultate in die zuvor unter den Grundlagen beschriebene Ausgangssituation ein.

Der abschließende **Rückblick** sollte den Bericht in die reale Welt einbinden, indem er einerseits die Themenstellung diskutiert, andererseits die zuvor präsentierten Resultate kritisch würdigt. Hier sollten auch Irrwege erwähnt und diskutiert werden, denn es geht nicht nur um das Resultat, sondern auch um den *Prozess* seiner Entstehung. An dieser Stelle ist – ausnahmsweise – die Vergangenheitsform angebracht!

Auf die Gestaltung der **Literaturliste** wurde bereits in 4.3.7 eingegangen. Man stellt sie am besten an das Ende (auch hinter irgendwelche Anhänge), weil man sie beim Lesen sonst immer wieder suchen muss.

Nur ein **Stichwortverzeichnis** sollte noch hinter der Literaturliste stehen. In einer Abschlussarbeit ist ein Stichwortverzeichnis allerdings kaum sinnvoll, denn sie wird in aller Regel von Anfang bis Ende gelesen, nicht wie ein Lehrbuch oder ein Lexikon immer wieder zu verschiedenen Fragen konsultiert.

Entsteht im Rahmen der Arbeit auch ein Handbuch, so ist dieses ebensowenig Teil des Berichts wie die übrige Software; es gehört zu den „Asservaten", die separat abgegeben werden.

5.2.2 Entstehungsreihenfolge der Komponenten

Ein Bericht wächst nicht linear, sondern an vielen Stellen quasi-parallel. Dabei gerät der Kandidat natürlich auch immer wieder in Sackgassen. In der Endfassung braucht der Bericht aber nicht mehr alle Irrwege und unergiebigen Quellen zu enthalten, man orientiere sich am Prinzip der Software-Dokumentation, wie es Parnas und Clements (1986) vorgeschlagen haben.

Als erstes wird die **Literaturliste** angelegt; schlampiger Umgang mit Referenzen kann eine Arbeit beträchtlich verzögern oder ihren Wert mindern.

Die **Aufgabenstellung** und die **Übersicht der einschlägigen Literatur und anderer Vorarbeiten** liegen durch die Aufgabe und die Angaben des Betreuers in einer vorläufigen Fassung vor.

Als nächstes entsteht eine Gliederung, die oberste Ebene des **Inhaltsverzeichnisses**. Mit der Gestaltung der einzelnen Abschnitte wird dieses weiter verfeinert.

Nun wächst der **eigene Lösungsansatz,** er sollte inhaltlich weitgehend ausgereift sein, bevor die Lösung beschrieben wird. Es folgen schließlich die Resultate, ihre Bewertung und ein kritischer Rückblick auf den Verlauf der Arbeit.

Sind Teile der Lösung allzu umfangreich geworden, so werden sie meist in **Anhänge** verdrängt. Das gilt vor allem für Programmcode, für UML-Diagramme und ähnliche Details mit hohem Papierbedarf. Wir raten von diesem Kompromiss ab. Weniger ist oft mehr, und Anhänge werden in der Regel doch nicht gelesen. Darum: keinen Code, keine Dokumentation der Software (mit Ausnahme exemplarischer Auszüge) in die Arbeit. Der Betreuer muss natürlich den Code angesehen und geprüft haben. Aber die Chemiker heften ja ihre neuen Verbindungen auch nicht zur Diplomarbeit, nur deren Synthese-Verfahren, die unserem Entwurf entsprechen. Der Drang, den Code oder andere Informationen auf tiefer Abstraktionsebene vorzustellen, spiegelt meist die Unfähigkeit, den Entwurf zu beschreiben.

Jeder Text bedarf zum Schluss einer Revision, sowohl auf der syntaktischen wie auf der inhaltlichen Ebene (vgl. 5.7). Leider merkt man vielen Berichten an, dass diese Revision dem Zeitdruck zum Opfer gefallen ist. Der Leser muss sich dann mit einem zusammengewürfelten Text, orthografischen Schlampereien und einer mehr oder minder zufälligen Interpunktion herumschlagen. Wer den Leser schnell und sicher verärgern will, verzichte auf diese Durchsicht! Wer sich dagegen einen positiv gestimmten Leser wünscht, sollte für diese Arbeit mehrere Tage einplanen und, wenn irgend möglich, eine freundliche, fachfremde Person suchen, die bereit und in der Lage ist, den Bericht ganz naiv zu lesen.

Das **Deckblatt** und die **Zusammenfassung** entstehen ganz zum Schluss. Wer bedenkt, dass viele Leute nichts anderes ansehen, wird sich dabei besondere Mühe geben. Trotzdem findet man oft in diesen prominenten Teilen Fehler. Beziehen Sie darum Deckblatt und Zusammenfassung in die Endkontrolle ein! Der Titel und die Zusammenfassung sollten auch in (guter) englischer Übersetzung im Bericht stehen.

5.2.3 Der rote Faden

Zusammenhängendes und verstandenes Wissen wird wesentlich besser aufgenommen und länger erinnert als ein Brei unverbundener, auswendig gelernter Fakten und Daten (vgl. Abb. 10). Damit die Adressaten den größtmöglichen Nutzen von der Arbeit haben, sollte sie ihnen so präsentiert werden, dass Prinzipien und Zusammenhänge verstanden werden. Diese didaktische Leistung des Kandidaten ist keine Nebensache, sie beeinflusst den Erfolg seiner Arbeit sehr wesentlich.

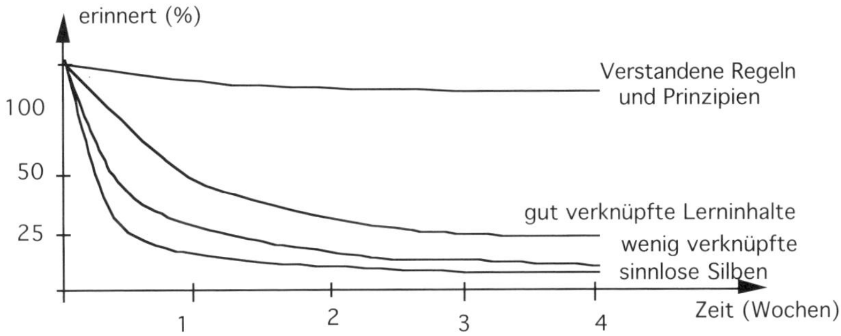

Abb. 10: Wie lange kann man sich Lerninhalte merken? (nach Buchberger, 1986)

Darum dürfen die Teilergebnisse nicht – scheinbar oder tatsächlich – wahllos nebeneinander stehen; vielmehr sind sie so zu verknüpfen, dass die Adressaten den inneren Zusammenhalt und die Argumentationsweise der Arbeit nachvollziehen können und als schlüssig empfinden.

Der Kandidat muss also den „roten Faden" spinnen, der sich durch die Darstellung ziehen soll, er muss den Aufbau seines Berichts oder Vortrags, die *Struktur*, geklärt haben, bevor er Details ausarbeitet. Einmal entworfen, wird diese (wie bei *jedem* Software-Entwurf) kaum noch verändert, selbst wenn sie dem Problem nicht angemessen war. Aber Querverweise, Wiederholungen und Einschübe überwuchern und korrumpieren dann die Struktur, die dem Adressaten schließlich noch so viel nützt wie ein verfallenes Treppenhaus.

5.2.4 Was sagt ein Bild?

Bilder sind oft die beste Möglichkeit, um auch schwierige Zusammenhänge im wahrsten Sinne des Wortes „anschaulich" darzustellen. In wissenschaftlichen Arbeiten werden es meistens schematische Darstellungen sein.

Ein Bild erregt zunächst die Aufmerksamkeit, weil es für das Auge als Oase in der Buchstabenwüste erscheint. Damit ist es aber nicht getan, das Bild muss Information vermitteln, und zwar so klar und knapp wie möglich. Der Betrachter hat vom Bild umso mehr, je schneller und leichter sich die Aussage erschließt, je weniger es also mit dekorativen Elementen befrachtet ist. Daher sollte man einige Grundsätze beachten:

- Vermeiden Sie Bildelemente, die keine Aussage haben. In der Werbung sieht man vorwiegend Grafiken mit 3D-Effekt inklusive Schattenwurf. Aber wozu? Wenn die dritte Dimension und die Schatten keine Semantik haben, komplizieren diese Zugaben die Bilder nur unnötig und verschleiern die eigentliche Botschaft hinter irrelevantem „Make-up" (Abb. 11, linke Seite).
- Erklären Sie alles genau, was nicht sicher verständlich ist: Etwa die Bedeutung von Kästchen und Kreisen, von Verbindungspfeilen und Schraffuren. Koordinatensysteme ohne Bezeichnung und Bemaßung der Achsen (wie links in Abb. 11) sind wertlos.
  Auf Folien sind lange Erläuterungen entbehrlich, wenn sie im Vortrag mündlich gegeben werden.

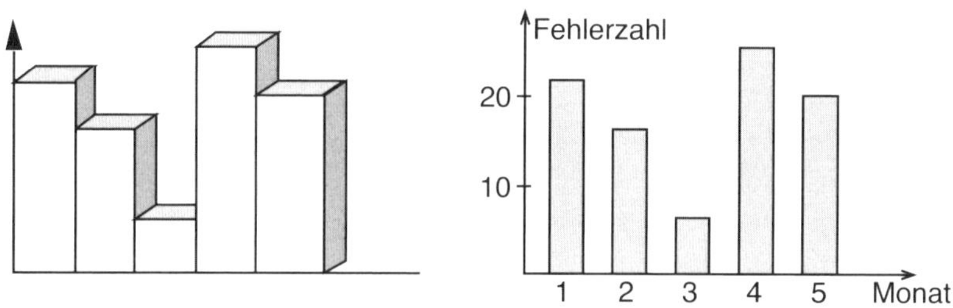

Abb. 11: Aufwändiger ist nicht besser: Einfache, klare Bilder sind vorzuziehen

- Prüfen Sie Bilder – wie Worte – auf ihren Beitrag zum Ganzen: Was ohne Nachteil reduziert oder gelöscht werden kann, ist fehl am Platz.
- Ersetzen oder ergänzen Sie lange, komplizierte Erklärungen durch Grafiken; vor allem Beziehungen lassen sich so gut ausdrücken. Vielleicht ist beides nötig, das Bild illustriert dann den Text, der Text erläutert das Bild.

5.3 Formen wissenschaftlicher Aussagen

Eine wissenschaftliche Arbeit stützt sich natürlich nicht nur auf messbare Resultate, sondern auf verschiedene Arten von Argumenten. Sie werden nachfolgend zusammen mit den Merkmalen und Anforderungen aufgelistet.

5.3.1 Zitate

Indem der Verfasser einen anderen Autor wörtlich oder inhaltlich zitiert, „importiert" er dessen Gedanken und Resultate in seine eigenen, soweit er sie nicht durch seinen Kommentar relativiert. Darum ist es nicht nur unseriös, sondern auch riskant, ungelesene Quellen zu zitieren. Natürlich sollte man sich genau überlegen, wen man sich durch Zitieren zum Verbündeten macht. Wenn es sich um Personen von zweifelhaftem Ruf oder um Aussagen von sehr geringem Wert handelt, ist ein Verzicht auf das Zitat die beste Lösung.

Damit die Verfolgung von Zitaten auch praktisch möglich ist, sollten alle Referenzen präzise sein und grundsätzlich nur solche Quellen zitiert werden, die allgemein zugänglich sind. Ausnahmen davon sind manchmal erforderlich, um ein Plagiat zu vermeiden. Zweifellos ist eine korrekte, aber schwer zugängliche Referenz besser als die Annektion fremder Gedanken. Im extremen Fall, dass man eine Idee zugeflüstert bekam, kann man etwa unter „Dijkstra (2001)" den Hinweis auf ein privates Gespräch am Rande eines Symposiums anführen; aber das sollte natürlich nicht zur Regel werden. Die praktische Gestaltung der Literaturverweise und -angaben ist schon in 4.3.7 beschrieben worden.

Wörtliche Zitate sind im technischen Bereich eher selten, sie sind als solche zu kennzeichnen, z.B. durch entsprechende Hervorhebung; wenn sie nur die Rolle eines Mottos spielen, genügt der Name des Urhebers.

Nullum est iam dictum, quod non sit dictum prius
(Es gibt kein Wort, das nicht schon gesagt wäre)
Terenz

5.3.2 Gesicherte Grundlagen

Wer eine Arbeit schreibt, geht von bestimmten Grundlagen aus, die als gesichert gelten. Diese sind für die Wissenschaft, was der Kompost im Garten ist: Entstanden durch Auflösung des früher Gewachsenen, wobei die ursprüngliche Gestalt verlorengeht und nur die Substanz übrigbleibt. Wer also mit natürlichen Zahlen arbeitet, muss darum nicht Peano zitieren, denn seine Resultate sind Allgemeingut geworden. Das gleiche gilt für zahlreiche Begriffe in der Informatik (z.B. Compiler, Kellerspeicher, Transaktion). Bei einigen neueren Konzepten (etwa Information Hiding, Relationenmodell) gibt es wohl noch eine erkennbare Beziehung zu den Urhebern, doch ist es fraglich, ob man wirklich noch an die (in diesen Zusammenhängen regelmäßig zitierten) Publikationen von Parnas bzw. Codd denkt. Als Verbeugung vor den Urhebern genügt hier auch eine Erwähnung ihres Namens *ohne* Referenz. Grundsätzlich ist es immer ratsam, erst zu lesen und dann zu zitieren.

Generell ist in der Informatik größte Skepsis gegenüber den „gesicherten Grundlagen" angebracht; sehr viel ist wirklich noch nicht unbestritten. Was der eine als Binsenweisheit betrachtet, ist für den anderen eine gewagte Hypothese. In einer Arbeit sollte also der Bekanntgabe ihrer Voraussetzungen lieber etwas zu viel als zu wenig Raum gegeben werden, dann ist man auf der sicheren Seite.

5.3.3 Arbeitshypothesen

Wenn man einen unbekannten Raum mit vielen unbeschrifteten Türen verlassen will, wird man sich nach kurzem Zögern auf gut Glück für eine der Türen entscheiden. Diese Entscheidung rational zu begründen wäre unsinnig, es musste einfach entschieden werden, wie auch immer.

Bei einer wissenschaftlichen Arbeit kommt man dann und wann in die gleiche Situation: Von verschiedenen Ansätzen muss einer gewählt werden. Oft geben banale praktische Gründe den Ausschlag für die Entscheidung: Man hat für den einen Weg gewisse Vorkenntnisse oder kennt ein Werkzeug, das sich einsetzen ließe, oder hat eine Abneigung gegen einen bestimmten Formalismus. In der Dokumentation der Arbeit werden diese „niederen Beweggründe“ dann nachträglich ausgetauscht, also durch geschönte Argumente ersetzt. Wer dies tut, führt den Leser vorsätzlich in die Irre. Eine ehrliche, schmucklose Feststellung, dass man sich hier ohne Kompass für den einen Weg hat entscheiden müssen, ist weitaus besser, denn sie erleichtert auch die Kritik: Wer die Arbeiten nachvollzieht, weiß, wo mit dem Backtracking, also mit der Verfolgung eines alternativen Pfades, anzusetzen wäre.

5.3.4 Messergebnisse und Praxiserfahrungen

Seit Galileo sind quantitative Resultate, also Ergebnisse von Rechnungen und Messungen, das Rückgrat jeder (natur-)wissenschaftlichen Arbeit. Das gilt auch für die Informatik. Allerdings verzichtet man oft (ganz zweifellos: zu oft) auf die quantitative Erfassung, weil man die Daten entweder für unwichtig oder für nicht vorzeigbar hält. Diese Entscheidung sollte man getrost dem Leser überlassen: Mir ist es lieber zu wissen, dass die Reaktionszeit eines Systems für definierte Operationen im Mittel 0,4 s, maximal 1,5 s beträgt, als zu lesen, dass die Antwort „ausreichend schnell“ kommt. (Es sei denn, „ausreichend schnell“ wäre zuvor definiert worden).

Hier können wir natürlich sehr viel von den Physikern lernen: Jede Rechnung, jede Messung, muss so dokumentiert sein, dass sie nachvollziehbar ist. Die Physik hat ihren Übergang von einer Philosophie zur modernen Naturwissenschaft vollzogen, indem sie der quantitativen Analyse den Vorzug gegeben hat. In der Informatik hat noch kein Galileo die Bühne betreten, der für uns das Entsprechende leistet. Aber dass es langfristig nur in dieser Richtung weitergehen kann, halten wir für sicher.

5.3.5 Folgerungen und Wertungen

Eine Arbeit muss die eigenen und zitierten Resultate auch deuten und werten; an dieser Stelle tun sich gerade Studenten sehr schwer, denn sie spüren, dass ihnen für eine Wertung noch der Überblick fehlt. Aber um die Wertung kommen sie nicht herum, und so wedeln sie gern mit verbalen Weichmachern, setzen also an die Stelle pointierter Aussagen Formulierungen, die einem Regierungssprecher entquollen sein könnten.

Wir plädieren für die mutige Wertung. Natürlich ist sie deutlich als solche zu kennzeichnen, und gerade an dieser Stelle hat das „Ich“ (oder in Gruppenarbeiten das „Wir“) seinen Platz (vgl. Tab. 4 in 5.5.9, S. 55). Wer also einen Parsing-Algorithmus, eine Datenbankarchitektur oder eine Software-Metrik ausgedacht und analysiert hat, sollte am Ende klar sagen, wie er diese Forschung *rückblickend* beurteilt und ob sich fortsetzende Arbeiten lohnen (und das heißt: weiterer Aufwand).

Viele fühlen sich in dieser Situation verpflichtet, zu einem positiven Resultat zu kommen. Das ist falsch. Jede Forschung ist ein Bohrversuch in unbekanntem Gestein (sonst ist es keine Forschung, sondern Entwicklung). Ihren Reichtum verdanken die Ölkonzerne den Funden, und diese den Versuchen, auch den erfolglosen; sie müssen nur beizeiten erkannt und beendet werden. Eine Abschlussarbeit, die zu dem (wohlbegründeten) Resultat kommt, der Ansatz sei unergiebig, ist darum nicht schlecht und sicher besser als eine, in der nur leeres Stroh gedroschen wird.

5.3.6 Argumentation

Natürlich stehen die Argumente im Bericht nicht unverbunden nebeneinander, sondern sollten zu einer leicht nachvollziehbaren, schlüssigen Gedankenkette verbunden sein. Je nach Thema und Umfang der Arbeit kann es dazu notwendig sein, redundante Aussagen zu machen, beispielsweise durch Vorschau, Zusammenfassung oder Wiederholung. Allgemein sind dazu schwer Regeln anzugeben, es gilt einfach, was immer gilt: Eine Aussage ist dann nicht überflüssig, wenn sie mehr nützt als schadet. Was 40 Seiten vorher definiert wurde, bedarf zumindest eines Rückverweises, wenn es nicht laufend verwendet wurde; eine Liste von einer Seite Länge kann der Leser auch ohne Vorschau und Zusammenfassung überblicken.

5.4 Die äußere Form des Berichts

Im Zeitalter von Laptops und Grafikprogrammen werden höhere Ansprüche an die äußere Form gestellt als in der „guten alten Zeit“ der Schreibmaschine. Text und Zeichnungen müssen also sauber ausgeführt sein. Sauber heißt nicht protzig; was schon für die Bilder diskutiert wurde, gilt für das ganze Erscheinungsbild der Arbeit: Gliederungen und Hervorhebungen, die das Lesen angenehmer machen und das Verständnis unterstützen, sind obligatorisch, Effekthascherei und rein optisches Make-up schaden.

Auch Zeichnungen werden heute meist mit dem Rechner erstellt. Natürlich gibt es noch Situationen, in denen saubere Zeichnungen und handschriftliche Legenden sinnvoll sind. Leider fehlt vielen Kandidaten dazu die saubere Schrift (früher ein Erkennungszeichen der in Normschrift geschulten Ingenieure).

Schriftgröße und **Zeilenabstand** beeinflussen die Lesbarkeit des Berichts: In Texten mit großem Zeilenabstand steht nur wenig auf einer Seite, so dass die Übersicht leidet. Es entsteht auch leicht der Verdacht, dass der Kandidat auf diese Weise ein allzu schmächtiges Elaborat strecken möchte. In sehr eng gesetzten Texten verliert man beim Lesen leicht den Faden. Die Proportionalschrift (also die übliche Schrift im Druck, bei der die Buchstabenbreiten unterschiedlich sind) fördert die Neigung, Zeilen zu überladen, vor allem bei kleinem Font und schmalem Rand. So entstehen die gefürchteten Buchstabenwüsten, in denen das Auge keinen Halt findet.

Der Kandidat sollte die formalen Attribute seines Berichts rechtzeitig mit dem Betreuer abstimmen, so wie es Buchautoren mit dem Verlag tun (sollten).

Beim Layout sind die folgenden Punkte zu beachten:

- Die Baumstruktur der Kapitel und Abschnitte wird durch die Nummerierung reflektiert (wie in diesem Text). Die Überschriften werden nur bis zur zweiten oder dritten Stufe der Dezimalgliederung in das Inhaltsverzeichnis aufgenommen, damit dieses übersichtlich bleibt (siehe 5.2.1).
- Fußnoten[1] und Anmerkungen können ergänzende Informationen, Verweise auf Quellen und auf andere Textstellen enthalten. Fußnoten sollten möglichst auf der selben Seite wie der „Aufhänger" stehen.
- Absätze sollen Sinneinheiten des Textes zusammenfassen und die Seite nicht nur optisch gliedern. Was inhaltlich eng zusammengehört, sollte in der Regel auch nicht über mehrere Absätze verstreut werden. Die Absätze werden optisch deutlich voneinander getrennt.
- Im ganzen Bericht (evtl. mit Ausnahme der Bilder) sollte nur ein einziger Zeichensatz verwendet werden, vorzugsweise ein „proportionaler" Serifen-Font wie der hier verwendete Palatino. (Der im englischsprachigen Ausland sehr populäre Schrifttyp Times ist für deutsche Texte wegen der vielen Großbuchstaben darin kaum geeignet.) Nur für Programmbeispiele ist ein zweiter, nicht-proportionaler Sans-Serif-Zeichensatz sinnvoll.

```
with Ada_IO; use Ada_IO;
  procedure Initialisierung (Lng: in NATURAL; Fehlerbeh: BOOLEAN) is
    subtype Index_Typ is INTEGER range 1..Lng;
```

- GROSSSCHREIBUNG, S p r e i z u n g e n und Unterstreichungen waren die Hervorhebungen der Schreibmaschinenepoche. Wir kommen ohne sie aus, nutzen statt dessen **Fettdruck**, *Kursivdruck* und für Überschriften eine größere Schriftart. Namen setzt man gelegentlich in sogenannte KAPITAELCHEN. Bei jeder Variation prüfe man aber, ob ein Verzicht nicht zu einem besseren Gesamtergebnis führt.
- Die Breite und Höhe des Schriftfeldes, der Zeilenabstand und die Form der Überschriften sind im ganzen Bericht einheitlich. Die Seiten werden fortlaufend nummeriert, beginnend mit dem Titelblatt als Seite 1.

5.5 Kleine Stil- und Sprachkunde

Die Wirkung des Berichts soll natürlich von seinem Inhalt ausgehen, aber auch der Stil, in dem er abgefasst ist, beeinflusst den Eindruck, den der Leser bekommt, erheblich. Dieser Abschnitt soll einige der häufigsten Fehler bewusst machen.

Die Erfahrung zeigt, dass schlechter Stil nur schwer zu ändern ist; wenn man schlechte Formulierungen kritisiert, mangelt es nicht an Einsicht, aber der nächste Text sieht kaum anders aus. Wer aber die einschlägigen Bücher liest, z.B. für

---

[1] Fußnoten werden durch einen Strich vom Text abgesetzt. Man sollte sie lieber vermeiden, denn sie unterbrechen, wie Sie sehen, den Lesefluss!

Texte allgemein die Bücher von Reiners (1990) und Schneider (1999), speziell für mathematische Texte das von Halmos (1977), und sich die Mühe macht, die eigenen Texte systematisch auf Schwächen zu prüfen und zu verbessern, hat gute Chancen auf einen besseren Stil. Wir empfehlen, die eigenen Schwächen zu identifizieren (am besten mit Hilfe eines kompetenten Lesers) und systematisch, eine nach der anderen, zu bekämpfen. In vielen Fällen bietet sich der Substantivstil (siehe 5.5.3) als Angriffspunkt an.

5.5.1 Präzise und korrekte Wortwahl, Modewörter

Präzision ist ein Kennzeichen guter wissenschaftlicher Texte. Dazu gehört, dass Wörter definiert oder im allgemein üblichen Sinn gebraucht werden, und stets mit gleicher Bedeutung. Vor allem bei Fremdwörtern ist es peinlich, wenn der Verfasser den Sinn des Wortes erkennbar nicht erfasst hat.

Beispiel: *Durch extremste Kontrollen wird sichergestellt, dass alle Produkte identisch sind.* Das ist Unfug: „Extrem" ist ein Superlativ („äußerst"), der nicht mehr gesteigert werden kann (siehe 5.5.7). „Identisch" bedeutet nicht etwa „ununterscheidbar", sondern „ein- und dasselbe". Zwillinge sehen oft gleich aus, sind aber nie identisch. Wären wirklich alle Produkte identisch, dann gäbe es nur eines! Der Satz oben sollte also lauten: *Gründliche Kontrollen stellen sicher, dass alle Produkte völlig gleich sind.*

Immer wieder sprudeln Wörter aus den publizistischen Quellen, die vielen Menschen im Kopf bleiben und dann zu **Modewörtern** werden. Seit einiger Zeit redet man, wenn es einen spürbaren oder großen Fortschritt gegeben hat, von einen Quantensprung, oder man spricht von Freiheitsgraden, um Spielräume zu charakterisieren. Bevor auch Sie diese wohlklingenden Wörter in Ihre Texte flechten, schauen Sie lieber ins Lexikon. Vielleicht sind Sie überrascht zu lesen, dass ein Quantensprung eine *extrem geringe Veränderung* darstellt und dass die Freiheitsgrade in der Mechanik definiert sind, aber nicht als (messbarer) Spielraum, sondern als *Anzahl der Richtungen und Achsen, in denen ein Gegenstand nicht fixiert ist.* Für diese wie für andere Wörter gilt: nicht nachplappern, wenigstens nicht ohne Kenntnis der Bedeutung!

5.5.2 Sprachbilder, Metaphern

Software ist unsichtbar. Hardware ist durch die Entwicklungen der letzten Jahrzehnte praktisch auch unsichtbar geworden, wir sehen noch Prozessoren und Speicherbausteine, aber wir sehen längst keine Schaltungen mehr. Dadurch wirken Texte aus der Informatik oft sehr abstrakt. Ein wirksames Gegenmittel sind Sprachbilder und Metaphern. Sie verknüpfen das Neue, Unbekannte mit Erinnerungen und Vorstellungen, die uns vertraut sind. Der „Absturz" eines Programms ist deutlich anschaulicher als das irreguläre Terminieren, eine Verklemmung zwischen kommunizierenden Prozessen vermittelt ohne längere Erklärung, dass keiner der Prozesse sein Ziel erreicht, und beim Wort „Wasserfallmodell" hat jeder, der sie einmal gesehen hat, die Grafik von Taylor aus dem Jahre 1970 vor Augen. Das Spiral-Modell von Boehm war eigentlich so revolutionär nicht, aber die Spirale darin hat es populär gemacht.

Eine ausführliche Auseinandersetzung mit diesem interessanten Thema (vgl. Ludewig, 2003) sprengt den Rahmen dieser Schrift. Die wichtigsten Feststellungen dazu sind:

- Eine gute Metapher, ein überzeugendes Bild kann den Wert der Darstellung erheblich steigern, denn sie sorgt dafür, dass sich die Aussage einprägt. Man mag Luthers Sprache drastisch, oft vulgär finden, aber das Bild von den Perlen, die vor die Säue geworfen werden, bleibt haften, und wer könnte je seinen Satz (aus seinen Tischreden!) vergessen: Aus einem verzagten Arsch fährt kein fröhlicher Furz!
- Zwei Metaphern sind in den meisten Fällen eine Metapher zu viel, weil sich die Bilder nicht vertragen. Wer von einem Höhenflug spricht, sollte nicht auf das Risiko hinweisen, dass man Schiffbruch erleidet, denn Schiffe fliegen nicht. Eine Black Box ist kein Vehikel für das Information Hiding. Wenn man das Bild der Schichtenarchitektur verwendet, muss man dabei bleiben, darf nicht plötzlich von anderen Strukturen wie Landkarten oder Planetensystemen sprechen.

Kurz: Führen Sie *ein* treffendes Bild ein und bleiben Sie dabei. Verwenden Sie keine Bilder, an die Sie nicht glauben oder die voraussehbar in die Irre führen.

Beachten Sie diese Prinzipien auch bei Ihren Formulierungen. Eine „sehr große Miniaturisierung“ ist schwarzer Schnee, eine *contradictio in adiecto*.

5.5.3 Substantivstil

Texte aus der Wissenschaft starren oft von Hauptwörtern (Substantiven) und zeigen damit eine unglückliche Verwandtschaft zu amtlichen Bekanntmachungen. Sie wirken tot wie uralte Fotos, denn nur das Verb lebt (nicht das Hilfsverb). Klopfen Sie Ihre Sätze auf Substantive ab, die nur aufgeblasene Verben sind, vereinfachen Sie die Sätze, und sagen Sie genau, was Sie sagen wollen. Gelegentlich zeigt sich dann, dass außer heißer Luft nichts da war. Umso besser! Denken Sie an die alte Theaterregel: *Wat jestrichen is, kann nich durchfalln!*

Gewisse Endungen (-ung, -heit und -keit) deuten auf substantivierte, quasi „gefrorene“ Verben, die man besser frisch verwenden sollte. Auch Gerundien, also substantivierte Infinitive („das Codieren“, „das Initialisieren“), machen die Sprache schwerfällig. Eine Art Folgefehler ist oft der doppelte Genitiv („das Initialisieren des Codes des Hauptprogramms“), stilistisch inakzeptabel und inhaltlich unklar: Initialisiert das Hauptprogramm den Code, oder wird der Code des Hauptprogramms initialisiert? Suchen Sie jeweils das echte Verb und machen Sie dadurch einen Teil der Substantive überflüssig!

Wer noch keine schmerzhaften Begegnungen mit Juristen hatte, mag über das folgende Originalzitat aus einem Schreiben des Amtsgerichts Mannheim herzlich lachen – und sich dann fragen, ob seine eigenen Texte nicht gelegentlich ein bisschen nach Mannheimer Amtsgericht schmecken.

Die namens dieser Gläubigerin im heutigen Termin nach dem Schluss der Versteigerung erklärte Bewilligung der einstweiligen Verfahrenseinstellung hatte zur Versagung des Zuschlags zu führen. Da die Fortsetzung des Zwangsversteigerungsverfahrens durch die betreibende Gläubigerin noch zulässig ist, hat die Zuschlagsversagung mit dem Eintritt der Rechtskraft dieser Entscheidung die Wirkung einer einstweiligen Verfahrenseinstellung.

5.5.4 Lange, falsch gebaute Sätze, Wortvariationen

Die deutsche Sprache mit ihren zahlreichen Möglichkeiten, Bezüge und Querverweise grammatikalisch raffiniert, um nicht zu sagen, elegant, zu verpacken, verleitet den Autor, der seinen literarischen Vorbildern nacheifern will, zu einem Stil, der zwar eventuell artistisch genannt werden kann, die Aufmerksamkeit des Lesers aber vom eigentlichen Gegenstand, dem Inhalt der Arbeit, ablenkt, sie in schweren, nicht selten eintretenden Fällen sogar überfordert, so dass man sich beim Lesen fragt, wann der Satz denn nun endlich zum Ende, das ja irgendwann kommen *muss*, gelangen wird.

Hauptsätze, Hauptsätze, Hauptsätze! (Tucholsky)

Aussagen gehören in Hauptsätze; Nebensätze dienen der Präzisierung und Verknüpfung. Geschachtelte Relativ- oder „dass"-Sätze sind hässlich *und* schwer verständlich: „Nun müssen Sie die Spezifikation, der das Programm, das anzufertigen ist, genügen soll, überprüfen." „Es genügt nicht, dass das Programm so geschrieben wird, dass es der Spezifikation entspricht."

Dagegen sollte man von technischen und wissenschaftlichen Texten nicht verlangen, dass darin Wortwiederholungen vermieden werden. „Erstere" und „letztere", „diese" und „welche" sind nicht schöner und zusätzlich oft unklar; weicht man im zweiten Satz von „Programm" auf „Code" aus, so weiß der Leser nicht, ob noch dasselbe gemeint ist. Wenn also in vier aufeinanderfolgenden Sätzen von der Installationsanleitung die Rede ist und das Pronomen „sie" zu Unklarheiten führt, dann erscheint einfach viermal das Wort „Installationsanleitung". Es wird keinesfalls beim zweiten, dritten und vierten Auftreten durch „das Manual", „die Beschreibung" oder „die Anweisungen" ersetzt.

Eine gute Hilfe ist ein Glossar, das im Zuge der Arbeit aufgebaut wird. Die Begriffe darin werden im Bericht ohne jede Variation verwendet.

In der Informatik beschreiben wir oft Abläufe. Dann sollte die Darstellung auch diesen Abläufen folgen. Wenn also nacheinander A, B, C und D passieren, dann sollten die Aussagen darüber auch in dieser Reihenfolge stehen, nicht in irgendeiner Verdrehung, die nur durch komplizierte Verknüpfungen geordnet ist.

Man vergleiche aus einem der Beispiele unten:

> Diese werden durch die Summe sogenannter *Function Points* dargestellt, welche man gewinnt, wenn man das zu realisierende Projekt nach verschiedenen Kriterien auf bestimmte Merkmale hin untersucht.

Hier wird in der Zeit *erst* untersucht, *dann* in Function Points ausgedrückt, *schließlich* summiert! Warum ist der Satz nicht so aufgebaut?

5.5.5 Füllwörter, Verlegenheitskonjunktionen

Beim Sprechen verwenden wir Füllwörter, um den Fluss des Satzes zu glätten, die Rede zu schmücken oder ein bisschen mehr Eindruck zu machen. Im technischen Kontext wirkt das aber anders. Viele Wörter tragen einfach nichts zur Aussage bei. Weg damit! Prüfen Sie jedes „meist", „sehr", „überhaupt", „selten", „vielleicht", „erheblich", „im Allgemeinen" und ähnliche Wörter, und streichen Sie es, wenn der Satz auch ohne den semantischen Weichmacher gilt, womöglich sogar klarer ist. Wenn das Wort aber einen wichtigen Vorbehalt ausdrückt, sollte dieser explizit formuliert werden. Beispiel:

schlecht: *Große Module sind meist schlechter wartbar als kleine.*
gut: *Große Module sind schlechter wartbar als kleine.*
oder auch: *Große Module sind schlechter wartbar als kleine, wenn die übrigen Merkmale der Module gleich sind.*

Scheinbare Bekräftigungen drücken oft das Gegenteil aus: Beispielsweise zeigt das Wort „sicherlich" an, dass der Autor ganz und gar nicht sicher ist. „Aussage A ist sicherlich richtig." ist weniger überzeugend als „Aussage A ist richtig."

Wer nicht weiß, ob er „und" oder „oder" meint, schreibt „bzw.". Diese neudeutsche Konjunktion ist höchstens sinnvoll, wenn man tatsächlich (zur Abkürzung des Textes) dieselbe Aussage auf mehrere Zusammenhänge beziehen möchte, also beispielsweise beim Satz: „Schüler und Studenten zahlen den halben Preis, wenn sie den Schülerausweis bzw. den Studentenausweis vorlegen."

5.5.6 Modewörter, Wörter auf Stelzen, Anglizismen

Der folgende Absatz ist erfunden, wäre aber in der täglichen Werbeflut nicht auffällig:

> In 1995 wurden 3 Maschinen durch einen einzigen Modul ersetzt. Dieses neue System, beinhaltet einen software-mäßig transparenten Arithmetik-Beschleuniger ohne den die doppelt-langen Fließpunkt-Zahlen keinen Sinn machen würden.

Dass die Interpunktion falsch ist, werden die meisten erkennen. Aber betrachten wir die Wörter und Formulierungen: Auch 2005 wird auf Deutsch (nicht: *in* Deutsch) das Jahr ohne „in" gebraucht. Beethoven ist 1770 geboren, nicht *in* 1770. Zahlen bis zwölf werden ausgeschrieben, ab 13 verwendet man Ziffern (Ausnahmen: Vage Angaben wie „Tausend Leute", Nummern wie beim „7. Semester"). Maschinen sind hier nicht gemeint, das englische Wort „machine" bezeichnet Automaten; aber wir haben uns inzwischen so an dieses neue Lehnwort gewöhnt, dass kaum jemand das Wort „Turing-Automat" verstünde. Im Beispiel oben passt aber „Prozessor" besser. *Der* Modul gehört in die Mathematik, in Elektrotechnik und Informatik hat das Wort eine andere Bedeutung (austauschbare Einheit), wird auf der langen letzten Silbe betont und ist ein Neutrum.

„Beinhalten" kommt wohl bei Ringern und Wasserballern vor (dann aber dreisilbig), was hier gemeint ist, heißt kürzer und besser „enthalten". „Softwaremäßig" ist wie alle „mäßigen" Wörter eine schlampige Neuschöpfung, gemeint ist wohl „für die Programmierung". „Transparent" bedeutet „lichtdurchlässig", wird aber in der Informatik gern anstelle von „unsichtbar" gebraucht; Fremdwörter sind eben Glückssache. Übrigens wäre „Fremdworte" hier ungenau, denn *Worte* sind Aussagen; darum gibt es auch im Rechner nur *Wörter*.

Die Arithmetik lässt sich ebensowenig beschleunigen wie die Logik oder die Pädagogik, allenfalls kann die Rechnung schneller ausgeführt werden; wenn man kleinlich ist, kann man auch bemäkeln, dass die (abstrakten) Zahlen keineswegs doppelt lang sind; ihre Darstellung ist es offenbar. Was in unseren Zahlen gleitet (nicht „fließt"), sind Kommata, keine Punkte (oder haben Sie schon einmal bei den Tarifverhandlungen gehört, dass eine „5 vor dem Punkt" stehen müsse?). Und Sinn lässt sich nicht machen (Unsinn schon!), etwas *hat* Sinn, oder eben nicht. Der Konjunktiv II von „machen" braucht nicht mit „würde" umschrieben zu werden. So ergibt sich:

> 1995 wurden drei Prozessoren durch ein einziges Modul ersetzt. Dieses neue System enthält – für die Programmierung unsichtbar – eine schnelle Recheneinheit, ohne die die doppelt-lange Darstellung der Gleitkomma-Zahlen keinen Sinn hätte.

Der alte Spruch, nach dem „der Dativ dem Genitiv sein Tod" sei, ist anscheinend überholt, seit einigen Jahren schlägt der Genitiv zurück und erobert Präpositionen, die ihm nie gehört haben; anscheinend wirkt er vornehm, irgendwie gebildet. (Nur bei „wegen", wo der Genitiv unbedingt hingehört, steht fast regelmäßig der falsche Dativ!) In einigen Fällen hat der Duden nachgegeben und erlaubt, was vielen gefällt, etwa das „trotz" mit dem Genitiv (Ich bleibe trotz*dem* beim Dativ!). Aber „dank des Helfers", oder „entlang des Flusses"? Das schmerzt. Ob die Sprach-Unholde auch *des Flusses entlanggehen*, oder *des Helfers danken*?

5.5.7 Latein für Informatiker

In der europäischen Wissenschaft hat die lateinische Sprache tausend Jahre lang dominiert. Heute zeugen davon noch viele Fremdwörter. Viele Menschen schmücken sich gern mit Fremdwörtern, auch wenn sie die Bedeutung nur vage und die korrekte Form gar nicht kennen. So hört man viele falsche Wörter und noch mehr falsche Formen. Einige Fehler sind besonders populär (Tab. 3).

Zugegeben: Die richtige Pluralform von „Status" oder „Passus" erkennt und versteht fast niemand. Oder was denken Sie, wenn Sie lesen: „Diese Passus des Vertrags sollten geändert werden."? Darum ist es vernünftig, im Zwelfelsfall auf

Grundform	**falsch**	**richtig**	**analog**
Status	Stat***i*** als Genitiv oder Plural	Stat<u>u</u>s *(langes u)*	Passus
Praktikum	Praktika***s*** als Plural	Praktika	Visum
Virus	***der*** Virus	das Virus	Genus
optimal	optimal***er***, am optimal***sten***	*nicht steigern!*	extrem

Tab. 3 Wo Informatiker mit dem Latein am Ende sind

das Fremdwort zu verzichten. „Diese Abschnitte des Vertrags ...“ ist nicht nur korrekt, sondern auch allgemeinverständlich.

5.5.8 Zwei Beispiele aus der Literatur

Betrachten wir ein – keineswegs auffälliges – Beispiel aus der Literatur:

> Die Grundidee des Verfahrens besteht darin, dass der Aufwand für ein Projekt von seinem Schwierigkeitsgrad und von seinem Umfang abhängt. Diese werden durch die Summe so genannter *Function Points* dargestellt, welche man gewinnt, wenn man das zu realisierende Projekt nach verschiedenen Kriterien auf bestimmte Merkmale hin untersucht. Letztere bezeichnet man weitgehend als *Geschäftsvorfälle* oder *Funktionen*, die in der Anwendung verarbeitet werden sollen (z.B. Neuanlegen eines Datensatzes).

Wir meinen, das lässt sich knapper und verständlicher ausdrücken, wobei allerdings auch deutlich wird, dass der erste Gedanke nicht gerade revolutionär ist:

> Der Aufwand für ein Projekt steigt, wenn es größer oder schwieriger wird. Darum werden Größe und Schwierigkeit der einzelnen *Geschäftsvorfälle*, der *Funktionen* (z.B. das Neuanlegen eines Datensatzes), nach verschiedenen Kriterien durch sogenannte *Function Points* bewertet. Schließlich werden die Function Points summiert.

Und ein weiteres Beispiel:

> Bei der Verwaltung von Information eines Benutzers durch Daten unter der Kontrolle eines Datenbanksystems ist es wichtig, dass das Datenmodell eine natürliche Modellierung der Benutzerobjekte ermöglicht.

Wer das beim ersten Versuch versteht, kann stolz auf sich sein. Wir schlagen dafür den folgenden Satz vor, der kürzer und klarer ist:

> Wenn die Information eines Benutzers in einem Datenbanksystem abgelegt wird, sollte das Datenmodell eine natürliche Modellierung der Benutzerobjekte zulassen.

Wir verstehen allerdings das Original nicht gut genug, um sicher zu sein, dass unsere „Übersetzung“ sinnerhaltend ist. Auch bleibt darin die „natürliche Modellierung“ ein Stein des Anstoßes. Was ist an einem Software-System natürlich? Ist vielleicht gemeint, dass die Modelle dem Benutzer vertraut sein sollten?

5.5.9 Die Position des Autors: „ich“, „wir“ oder „man“?

Hinter einem wissenschaftlichen Text steckt der Autor mit seiner Meinung; allerdings tritt er uns weniger durch ein „ich“ entgegen als durch „wir“, „man“ oder Passivkonstruktionen.

Jede dieser Formen hat unter bestimmten Umständen ihre Berechtigung. Tabelle 4 zeigt positive und negative Aspekte. Natürlich gibt es neben den beiden Bedeutungen des „wir“ (gekennzeichnet als „wir(1)“ und „wir(2)“) noch eine dritte, die dem „ich“ entspricht, wenn der Text mehr als einen Autor hat.

Subjekt	betont	Beispiel	Gefahr	negatives Beispiel
ich (*pl.* wir)	Individualität des Autors (der Autoren)	„Ich bin (wir sind) allerdings der Meinung, ...“	Überheblichkeit	„Ich habe schon vor Jahren entdeckt, ...“
wir (1)	Einbettung des Autors in eine Gruppe	„In einer Reihe von Versuchen haben wir festgestellt, ...“	Autor versteckt sich	„Wir sind von der Korrektheit dieser Annahme überzeugt.“
wir (2)	Übereinstimmung zwischen Autor und Leser	„Wir sind bis heute nicht in der Lage, ...“	Leser wird vereinnahmt	„Wir alle haben sehnlichst auf ein Werkzeug gewartet, das ...“
man	Allgemeingültigkeit	„In der EDV programmiert man auch heute noch viel mit COBOL.“	Pauschalierung	„Man hat diese Ideen nicht in die Praxis übernommen.“
Passiv	Effekt der Handlung	„Die Bezeichner werden in die Kreise geschrieben.“	Verschleierung des Handelnden	„Die Richtlinien werden oft ignoriert“

Tab. 4: Repräsentation des Autors im Text

5.6 Rechtschreibung, Grammatik und Interpunktion

Informatik ist zu einem großen Teil Kommunikation, genauer Kommunikation zwischen verschiedenen Personen (beispielsweise über die Anforderungen an eine Software), Kommunikation zwischen Mensch und Rechner (zur Eingabe des Codes und anderer Daten, zur Ausgabe der Ergebnisse) und zwischen Rechnern (in Netzwerken aller Art). Darum ist es überraschend, dass ein großer Teil der Studenten diesen Aspekt völlig vernachlässigt und sich anscheinend kaum um die Rechtschreibung, schon gar nicht um die Interpunktion kümmert.

Es geht hier weder um die letzten Feinheiten der Rechtschreibreform noch um Grenzfälle der Kommasetzung, auch nicht um wenige im ganzen Text verstreute Schreibfehler. Es geht um Berichte, in denen kaum ein Absatz korrekt ist.

5.6.1 Die beliebtesten Fehler

Besonders auffällig sind drei Fehlertypen:

- Die Unterscheidung zwischen „das“ und „dass“ ist für manche Leute schon zu schwierig. Originalzitat: *„CMMI fordert das zur Verifikation Reviews eingesetzt werden.“* Ja, wenn der Verfasser das Komma gesetzt hätte, wäre ihm vielleicht auch die Rechtschreibung gelungen!

- Schwankender Numerus, also eine Mischung von Einzahl und Mehrzahl, verträgt sich nicht mit allzu kunstvoll konstruierten Sätzen. Zitat: „Auf dieser Untersuchung basierend sollte ein Wartungsprozess entworfen und (...) konkrete Maßnahmen zur Umsetzung erarbeitet werden.“ Nicht nur gestelzt, sondern einfach falsch! Der Wartungsprozess ist mit „sollte“ richtig bedient, aber die Maßnahmen verlangen nach „sollten“. Darum muss der Satz aufgelöst oder sonstwie umgebaut werden, z.B.: „Ein Wartungsprozess und Pläne zur Umsetzung sollten entwickelt werden.“
- Kommata fehlen sehr oft, besonders vor oder nach Relativsätzen und erweiterten Infinitiven, ebenso zwischen Hauptsätzen. Dafür stehen Kommata an Stellen, wo sie ganz und gar nicht hingehören; zum Beispiel irgendwo nach dem Satzanfang („Mitten in einen ganz gewöhnlichen Satz, gehört natürlich kein Komma!“). Kommata sind, wenn sie richtig stehen, Hilfen für den Leser. Es ist mühsam, einen Text mit falscher Interpunktion zu lesen. In diesem Falle teilt der Verfasser implizit mit, dass er seine eigene Bequemlichkeit wichtiger nimmt als die Qual des Lesers.

Einige Studenten sind inzwischen ganz ernsthaft der Meinung, ihre Textverarbeitung sei die letzte Instanz, um über **Rechtschreibung** und **Silbentrennung** zu richten. So geht es natürlich nicht! Dass die Programme alles andere als zuverlässig sind, ist leicht festzustellen (vgl. Abb. 12). So wenig, wie sich ein Koch auf die Mängel seiner Küchenmaschinen berufen darf, kann sich ein Kandidat mit den Fehlern seiner Textverarbeitung herausreden. Wer kochen kann, braucht keine Küchenmaschinen! Noch schlimmer sind die Kandidaten, die gar nicht erst versuchen, einen korrekten Text zu liefern. Sie sollten nicht überrascht sein, wenn sie mit einer entsprechenden Note „belohnt“ werden.

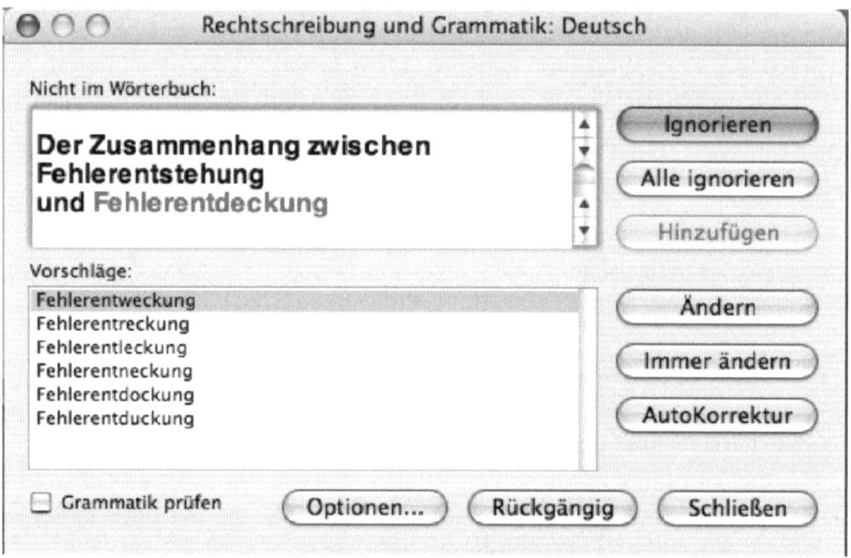

Abb. 12: Was das Textsystem zur Fehlerentdeckung meint

5.6.2 Sonderzeichen

Ein Minuszeichen (Binde-Strich) taugt nicht als Gedankenstrich – der ist deutlich länger und links und rechts von Leerzeichen gerahmt. Für Striche, die rechts gebunden sind (wie in „Programmfehler und -schwächen") und für Abstände in Zeichenreihen, die (wie der Abstand in „DIN A4") nicht am Zeilenende zerrissen werden sollen, gibt es ebenfalls Sonderzeichen, die einen korrekten Zeilenumbruch sicherstellen.

Pfeile setzen viele Leute aus zwei Zeichen zusammen (=>), dabei bietet jedes Textsystem eine Auswahl von Pfeilen an (z.B. ⇐⇔⇒→↔←), die deutlich gefälliger aussehen. Wer einen Bericht verfasst, sollte sich kundig machen, wie die benötigten Sonderzeichen, bei Bedarf auch die für Mengen und Mengenoperationen (∅∩∪⊃⊇⊄⊂⊆∈∉≠∩∪) und andere Symbole, einzugeben sind. Da solche Zeichen nicht von allen Programmen und Geräten korrekt behandelt werden, muss man auch kontrollieren, ob sie am Ende richtig auf dem Papier landen!

5.6.3 Electronic Mail

Zwar tauchen Mails nicht im Bericht auf, aber sie zählen zu den schriftlichen Äußerungen, die der Prüfer von den Kandidaten zu Gesicht bekommt. Was man da alles lesen muss, spottet jeder Beschreibung. Anscheinend verflüchtigt sich an der Tastatur jegliche Scham über Fehlleistungen, selbst von sonst seriösen Personen kommen Mitteilungen voller Fehler. Und naürlich fehlt in der vorschnell abgeschickten Mail das angekündigte Attachment, oder es ist das falsche.

Die Unterscheidung zwischen „sie" für die dritte Person und „Sie" als höfliche Anrede gelingt nur noch einer Minderheit. Manche Leute schreiben sicherheitshalber alles klein; das ist dann der Offenbarungseid.

Eine sehr einfache reguläre Grammatik beschreibt den Weg zu guten Mails, vorausgesetzt, man ist zum Prüfen imstande:

Denken, Schreiben, Prüfen, (Korrigieren, Prüfen,)* Abschicken.

5.7 Textverarbeitung

Um den Bericht zu erzeugen, ist die Textverarbeitung, wie sie heute in großer Vielfalt zur Verfügung steht, außerordentlich nützlich. Anders als in der Ära der Schreibmaschinen können Dokumente nun mit minimalem Aufwand immer wieder geändert und umgeordnet werden. Außerdem lässt sich der Bericht auch in gefälliger Form drucken.

Damit sind allerdings einige Gefahren verbunden:

Gerade Leute, die noch keine Erfahrung mit dem Verfassen größerer Berichte haben und gleichzeitig von den Möglichkeiten der Rechner fasziniert sind, neigen dazu, sich in die Textverarbeitung zu verlieben und schließlich anstelle eines inhaltsschweren Berichts ein besonders elaboriertes Beispiel für die Anwendung des Textsystems zu liefern. Dabei ziehen sie alle Register der Formatierung und der grafischen Gestaltung. Das ist so, wie wenn ein Mensch auf sein neues Radio aufmerksam macht, indem er die Lautstärke voll aufdreht. In der Wissenschaft ist das Medium *nicht* die Botschaft! Eine Arbeit soll optisch sauber und übersichtlich sein, nicht herausgeputzt. Zuviel Politur wirkt verdächtig.

Die zweite Gefahr ist subtiler. Bei der Arbeit mit der Schreibmaschine durchlief ein Text wenige, klar abgegrenzte Stadien. Nachdem er zunächst von Hand geschrieben war, wurde er in der Regel mindestens zweimal getippt. Vor allem, wenn der Autor selbst an der Maschine saß, war es nahezu gleichgültig, wie groß die Veränderungen waren: Jeder Satz wurde erneut gelesen, verbessert und geschrieben.

Die Textverarbeitung legt es nahe, die Gedanken, die Sätze unverändert zu lassen, wenn sie irgendwann einmal gespeichert worden sind. *Cut & Paste* lässt sich ohne inhaltliche Prüfung anwenden, und so entstehen die Arbeiten kumulativ. Heute gibt es daher sicher viele **Berichte, die von ihren Autoren nicht ein einziges Mal durchgehend gelesen worden sind**.

Damit bekommt der Prüfer (und jeder andere Leser) vorgesetzt, was kaum als Beta-Release bezeichnet werden kann. Auch wenn die technischen Möglichkeiten das Komponieren des Berichts aus den vorhandenen Fragmenten nahelegen, sollte man sich den Luxus gönnen, noch einmal frisch zu beginnen, wenn die Inhalte der Arbeit einigermaßen beisammen sind. Man ist dann oft überrascht, dass einige Teile völlig überflüssig sind, während andere fehlen. Nur so kann ein großer Wurf entstehen.

Paul Halmos schreibt (Halmos, 1977): *Wenn Sie jedoch zum Neufassen kommen, und so oft dies auch notwendig sein mag, redigieren Sie nicht, sondern fassen Sie neu. (...) In bezug auf Änderungen jeder Art und besonders gegenüber Auslassungen en gros müssen Sie unbarmherzig sein. Neufassen heißt noch einmal schreiben – jedes Wort.*

Man vergleiche den Eindruck, den die Bauten am Grande Place in Brüssel machen. Sie wirken trotz ihrer Vielfalt stilistisch völlig geschlossen, weil sie nach einem verheerenden Feuer in wenigen Jahren völlig neu aufgebaut werden mussten. Wer nach einem Verlust seiner Festplatte zum Neubeginn gezwungen ist, hat allen Grund, sich zu schämen; das Prinzip der Datensicherung sollte jedem Informatiker in Fleisch und Blut übergegangen sein! Aber wenn der Verlust im richtigen Moment eintritt, kann das vermeintliche Unglück letztlich zu einem Vorteil werden.

6. Vortrag und Demonstration am Rechner

Unsere schon in Kap. 5 umrissenen Ziele sind: Der Zuhörer soll die Resultate der Arbeit wohlwollend aufnehmen und in die Lage versetzt werden, sie zu verstehen und zu nutzen.

Im Vortrag bestimmt der Sprecher Tempo und Reihenfolge, in der der Stoff behandelt wird. Da die meisten Zuhörer einfach schlucken, was geboten wird – freilich oft ohne jeden Genuss –, liegt es ganz am Vortragenden, sich auf die Zuhörer einzustellen und den Stoff erfolgreich zu präsentieren.

6.1 Der Vortrag

6.1.1 Die Vorbereitung ist mehr als der halbe Vortrag

Gerade um ganz natürlich zu wirken, muss ein Vortrag sehr gut vorbereitet sein. Zuerst sollte der Referent Thema und Ziel klären. Das sind zwei verschiedene Dinge. Wenn das Thema heißt „Das Programmsystem xyz", dann kann das Ziel darin bestehen, den Teilnehmern die Grundideen dieses Systems zu vermitteln, so dass sie es mit ähnlichen Systemen vergleichen können. Es kann aber auch das Ziel sein, sie in die Benutzung des Systems einzuführen oder sie in die Lage zu versetzen, am Ausbau des Systems mitzuarbeiten. Der Vortrag muss darauf abgestimmt sein, was die Zuhörer nach dem Vortrag wissen und tun sollen.

Ein erfahrener Referent stellt sich dazu vorher die folgenden Fragen:

- Wieviel Zeit habe ich? Ist der Termin problematisch (z.B. nach dem Mittagessen oder spät am Nachmittag)?
- Wie viele Zuhörer werde ich haben? Welche Vorkenntnisse und Erwartungen haben diese? Wer spricht vorher und zu welchem Thema?
- Wie ist der Raum beschaffen und ausgerüstet? Wie werden Projektor und Lichtanlage bedient?

6.1.2 Tafel und Folien

Wenn man Herleitungen und Erklärungen an die Tafel schreibt, ergibt sich von selbst ein mäßiges Tempo, so dass die Zuhörer gut folgen können; außerdem entwickelt sich die Botschaft vor ihren Augen. Darum ist die Tafel nach wie vor ein sehr gutes Medium. Es stellt allerdings erhebliche Ansprüche an den Referenten, der gleichzeitig sprechen und für eine übersichtliche Darstellung sorgen muss. Dabei sollte er auch noch die Zuhörer ansprechen, ihnen also nicht ständig den Rücken zuwenden.

Steht man – wie bei fast allen Vorträgen – unter Zeitdruck, so überwiegen die Vorteile vorbereiteter Folien, die zu Beginn des 21. Jahrhunderts meist nicht mehr auf Polyester gedruckt oder gemalt, sondern im Laptop gespeichert sind.

Sie erlauben quasi die Produktion optischer Rhetorik auf Vorrat. Es gibt aber keinen Grund, in einen Vortrag nicht auch ein Poster, ein Bauteil oder einen anderen Gegenstand mitzubringen. Nur sollte man nicht versuchen, schwer erkennbare Details daran zu zeigen.

Folien der alten Art lassen sich auf viele Arten herstellen und einsetzen: Man kann sie von Hand beschriften oder bedrucken, man kann sie während des Vortrags abdecken, aufdecken oder übereinanderlegen, von Hand ergänzen oder mit Gegenständen, z.B. Münzen, markieren. Elektronische Folien bieten weitere Möglichkeiten, von der Hintergrundgestaltung und dem Bildwechsel bis hin zur Integration von Animationen, Filmen usw. Man tut den Zuschauern allerdings keinen Gefallen, wenn man diese Möglichkeiten gnadenlos ausschöpft.

Die Vorteile der neuen Technik genießt jeder, der viel vorträgt: Man braucht keine schweren Ordner mit Folien herumzutragen und kann vorhandenes Material leicht verändern und neu zusammenstellen. Andererseits hat die Sache auch erhebliche Nachteile: Es ist je nach eingesetzter Technik schwierig bis unmöglich, das Bild direkt zu verändern, also etwas durchzustreichen, zu ergänzen usw. Man kann auch nicht mehr ohne entsprechende Vorkehrungen unauffällig ein paar Folien überspringen, wenn die Zeit knapp wird. Und schließlich bieten Beamer und Rechnernetzwerke weitaus mehr Tücken, Fallen und spontane Inkompatibilitäten als ein guter alter Hellraumprojektor, der keine anderen Bosheiten kennt als den Ausfall der (meist doppelt vorhandenen) Lampe.

6.1.3 Wie sieht eine gute Folie aus, wie wird sie präsentiert?

- Am allerwichtigsten ist es, dass die Zuhörer die Folie auch dann lesen können, wenn sie ganz hinten sitzen und keine ideal passende Brille benutzen. Dazu muss die Schrift groß und gut lesbar sein. Viel davon passt nicht auf einen Bogen: 13 Zeilen sind die Obergrenze.
  Damit man sich wirklich beschränkt, wende man folgenden Kniff (im ursprünglichen Sinne des Wortes) an: Man faltet ein Blatt der Größe DIN A4

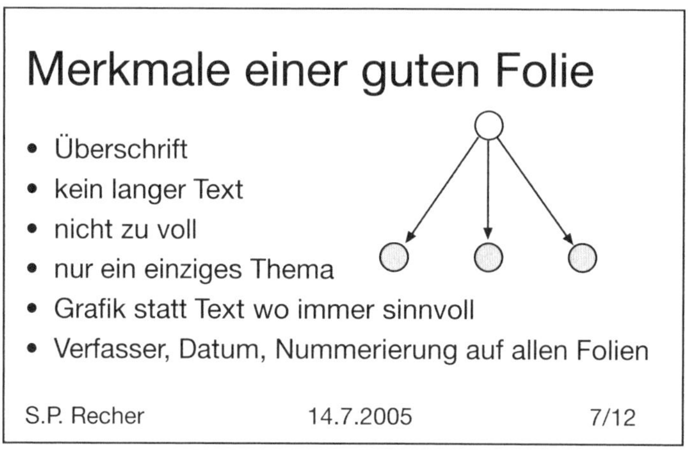

Abb. 13: Schema einer guten Folie

senkrecht und waagerecht; in den vier Feldern (Format A6) kann man (in normalgroßer Schrift) jeweils eine Folie entwerfen.

- Jede Folie hat nur ein Thema. Eventuell bleibt sie teilweise leer.
- Zu jeder (wesentlichen) Aussage gehört eine Folie (oder zwei), zu jeder Folie eine Aussage! Vermeiden Sie den Eindruck, dass Folien und Gesprochenes nicht zusammengehören.
- Jede Folie (oder Gruppe von zwei bis höchstens drei Folien) braucht eine Überschrift. Auch ein aufmerksamer Zuhörer hat Konzentrationslücken. Die Überschriften ermöglichen ihm, in den Vortrag zurückzufinden.
- Fortlaufende Texte gehören nicht auf Folien, nur Kernaussagen und Grafiken. Textkopien aus Büchern o.ä. sind sicher ungeeignet.
- Grafiken sind (wenn sie gut sind) leicht zu erfassen und kommen auf einer Folie ohne schriftliche Erläuterungen aus; der Kommentar wird gesprochen. Eine Über- oder Unterschrift sollte aber nicht fehlen.
- Autor, Datum und Nummerierung sind auf jeder Folie in einer auf allen Folien einheitlichen Zeile genannt, entweder am unteren Rand (Abb. 13) oder am linken Rand (Abb. 14).
- Je komplizierter die Folie ist, desto länger braucht der Zuhörer, um sie zu verstehen. Während dieser Zeit kann der Referent „durch die Folie führen", er darf sie aber nicht voraussetzen oder etwas ganz anderes erzählen. Er sollte die Folie aber auch nicht vorlesen.

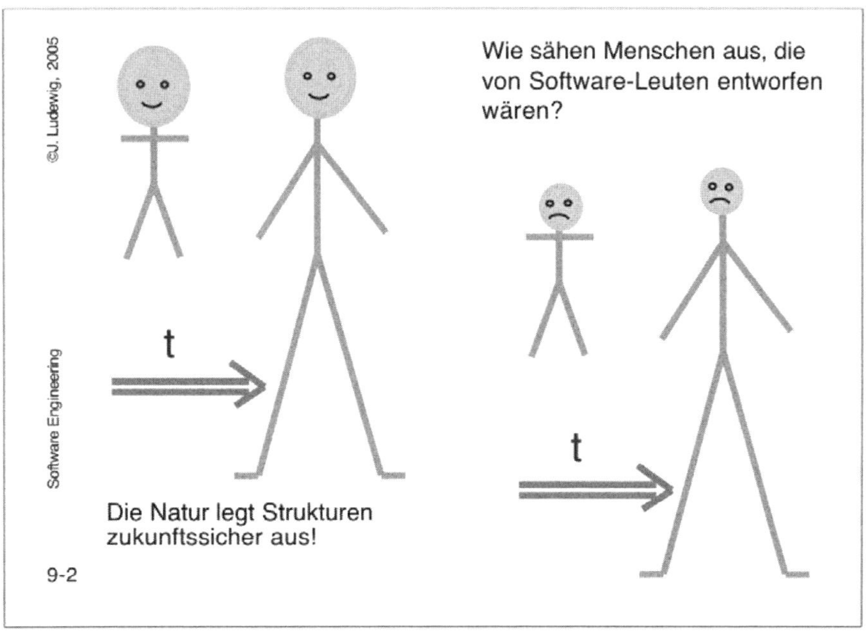

Abb. 14: Folie mit Kennzeichnung am linken Rand

- Was für eine Folie *zu* kompliziert ist, ist eben zu kompliziert – kleine Schrift und die Erklärung „das können Sie jetzt wahrscheinlich nicht lesen" bringen keine Rettung aus dem Dilemma, sondern sind eine Zumutung, wie auch der Satz: „Ich hätte jetzt noch viele Folien, die ich Ihnen aber nicht mehr zeigen kann." Wie schön für den Referenten!
- Außer bei sehr einfachen Folien sollten die Zuhörer sehen können, wo auf der Folie der Vortragende gerade steht. Die einfache Möglichkeit des schrittweisen Aufdeckens, die es bei den materiellen Folien gab, steht uns bei den elektronischen Folien nicht zur Verfügung. Dafür können wir den Inhalt der Folie schrittweise aufbauen. Bei der Folie in Abb. 14 bietet es sich an, zunächst nur die linke Hälfte, dann auch den Text rechts oben und schließlich das ganze Bild zu zeigen. Aber nicht vergessen: Es geht um den Inhalt, nicht um die Spielereien, die ein Präsentationsprogramm anbietet!

Natürlich spricht nichts dagegen, dass man weiterhin echte Folien verwendet, denn einen Projektor gibt es in fast jedem Vortragsraum. Man könnte sogar noch von Hand auf die Folien schreiben, vorausgesetzt, die Schrift ist lesbar.

6.1.4 Die Zeiteinteilung und der Kontakt mit den Zuhörern

Ein Vortrag ist wie ein kleines Projekt: Innerhalb gegebener Zeit versucht man, ein bestimmtes Ziel zu erreichen. Aber wie bei vielen Software-Projekten ist die Planung oft zu optimistisch, und man hält den Abschlusstermin nicht ein. Damit tut man den Zuhörern nichts Gutes.

Die meisten Referenten haben zu viele Folien, sie fürchten nichts mehr, als nach zwei Dritteln der Zeit sagen zu müssen: „Das war alles!" Ach, wenn sie es doch täten! Man könnte nachfragen, diskutieren, oder auch einmal früher weggehen als geplant. Aber sie haben dreißig oder vierzig Folien, also viel zu viele, und sie wollen den Zuhörern nichts davon ersparen.

Für acht von zehn Vorträgen gilt: Weniger wäre mehr gewesen. Die Probe zu Haus ist sinnvoll, aber mit Zuhörern braucht man viel mehr Zeit, selbst wenn sie den Referenten nicht unterbrechen. Wer auf seinen Folien mehr Inhalt hat als eine oder zwei Zeilen, der bereite für 45 min höchstens ein Dutzend Folien vor, für 30 min zehn und für 20 min acht. Wenn einzelne Folien sehr viel Inhalt transportieren oder ausführlich zu diskutieren sind (z.B. die Darstellung einer Software-Architektur oder eines Studienplans), können es auch weniger Folien sein. Im letzten Drittel sollte man eine Abkürzung vorsehen, die man einschlägt, wenn nach 50 bis 70 % der Zeit weniger als die entsprechende Zahl von Folien gezeigt ist. Eine unauffällige Abkürzung kann durch den Verzicht auf einen Aspekt, einen Sonderfall, ein Beispiel erreicht werden. Temposteigerung ist *kein* Ausweg! Die Zuhörer können nicht dadurch schneller verstehen, dass ich schneller spreche oder die Folien jeweils nur wenige Sekunden zeige. Sie können dadurch aber schneller zum Abschalten veranlasst werden.

Aus der Sicht der Zuhörer ist der Vortrag eine spezielle Form des Gesprächs, bei der die Aktivität ganz überwiegend vom Gegenüber kommt. Aber es bleibt ein Gespräch, das heißt, jeder Zuhörer will *angesprochen* werden. Der Referent muss ihn also anschauen und die Reaktionen wahrnehmen, sonst reißt der Kontakt ab, und der Vortragende hält ein Selbstgespräch, während sich die Zuhörer langweilen. Darum ist die buchstäbliche *Vorlesung* ein Alptraum, die Zwiesprache mit einem einzigen Zuhörer (z.B. dem Prüfer) nicht viel besser. Man schaue in nicht zu langen Abständen in alle Teile des Auditoriums und lese in den Gesichtern.

Der Vortrag sollte nicht mit konstantem Tempo durch den Stoff eilen. Ein guter Referent wird sich wie ein Hirte verhalten, der dann und wann die Nachzügler zusammensucht: Ein Beispiel, ein Vergleich, eine kurze Wiederholung, und mancher ist wieder dabei.

6.1.5 Dramaturgie des Vortrags

In der Werbung kennt man das Prinzip AIDA (Tab. 5): Um eine Botschaft erfolgreich zu übermitteln, muss zunächst die Aufmerksamkeit erregt werden (**A**ttention). Dann hat man die Chance, Interesse zu wecken (**I**nterest). Ist auch dies gelungen, so gilt es, die – erwünschten – Bedürfnisse der Zuhörer zu fördern (**D**esire). Schließlich muss man ihnen sagen, was sie tun können, um ihre Wünsche zu befriedigen (**A**ction). Wer aufmerksam zuschaut, wie gewiefte Verkäufer ihre Gemüseraffeln oder Fleckentferner an die Passanten bringen, kann viel über die Wirksamkeit dieses Prinzips lernen.

Stichwort	**Ziel**	**Mittel**
Attention	Die Aufmerksamkeit der Zuhörer erregen	Ein überraschendes Bild oder Beispiel
Interest	Das Interesse für das Thema wecken	Die Darstellung der (den Zuhörern bekannten) Ist-Situation, ...
Desire	Den Wunsch nach einer Veränderung erzeugen	... ergänzt durch die Beschreibung der möglichen Verbesserungen
Action	Über die Möglichkeiten informieren, die Wünsche zu erfüllen	Die einzelnen Schritte erläutern, die die Zuhörer gehen sollten, um die Verbesserungen zu erreichen.

Tab. 5: Das Prinzip AIDA

Im Vortrag geht es natürlich in aller Regel nicht darum, etwas zu *verkaufen*. Aber letztlich will man auch in dieser Situation etwas erreichen. Wenn beispielsweise ein Vortrag über den Programmtest Wirkung haben soll, dann muss man mit einer Aussage beginnen, die geeignet ist, die Zuhörer **aufmerksam** zu machen. Dazu bietet sich der Hinweis auf eine bekannte Software-Katastrophe an. Das **Interesse** wird anschließend durch eine knappe, aber anschauliche Darstellung der Mängel gefördert, die beim unsystematischen Ausprobieren der Programme typisch unentdeckt bleiben. Wenn die Zuhörer dann die Vorteile eines systematischen Tests kennenlernen, entsteht bei ihnen der **Wunsch**, in den

Genuss dieser Vorteile zu kommen. Damit kann man schließlich das entsprechende **Vorgehen** erfolgreich vermitteln.

Hier müssen wir erneut betonen: Es geht nicht darum, die Zuhörer „über den Tisch zu ziehen“. Aber wenn wir ihre Zeit in Anspruch nehmen, sollten wir uns auch bemühen, ihnen den Nutzen zu verschaffen, der – hoffentlich – im Inhalt unseres Vortrags liegt. Dazu trägt das Prinzip AIDA bei. Je nach den Umständen des Vortrags können die Gewichte dabei ganz unterschiedlich sein: Während die Zuhörer eines Seminarvortrags in der Regel bereits aufmerksam und interessiert sind, ist das bei einer Vorlesung oder einer Schulung zum selben Thema keineswegs gewährleistet.

6.1.6 Vortragen lernen

Vortragen lernt man nur durch Übung und Kritik. Man sollte stets versuchen, eine detaillierte Kritik einzuholen. Wo möglich sollte man seinen Vortrag auf Tonband oder Video aufzeichnen und später mit einem freundlichen Kritiker zusammen prüfen.

Und man kann so viel von anderen Referenten lernen! Fragen Sie sich jedesmal, wenn Sie ein Vortrag ärgert, ob *Ihre* Präsentationen dessen Mängel *nicht* haben.

6.2 Die Demonstration am Rechner

Eine „Demo“, also eine Demonstration, soll etwas zeigen. Da im Rahmen der meisten Arbeiten Software entsteht, liegt es nahe, diese vorzuführen. Eine solche Demo kann man als eine spezielle Form des Vortrags betrachten.

In der Regel werden diese Vorführungen nicht am Bildschirm, sondern mit dem Beamer gezeigt. So können sie mit Vorträgen kombiniert werden. In vielen Fällen stellt die Demonstration den letzten (Haupt-)Teil eines Vortrags dar.

Gute Demos sind etwa so häufig wie fehlerfreie Programme. In aller Regel erlebt der Betrachter, wie der Vorführende in rascher Folge Fenster öffnet und schließt, kurze Texte eintippt oder Grafiken erzeugt und zu alledem Kommentare abgibt, die er weniger an die Zuschauer als an sich selbst richtet, etwa im Stil: *„Jetzt mach´ ich das Kommentar-Fenster auf, da kommt dann das Menü, könnt´ man natürlich alles noch schöner machen, wenn ich jetzt hier anklicke, halt, das war falsch, mach´ ich jetzt wieder rückgängig, also wenn ich jetzt hier klicke, dann sieht man jetzt hier, wie die Werte wachsen, steht noch nichts dran, sind die Werte, die jetzt erzeugt werden ...“.* — Nur ein Tucholsky wäre in der Lage, dieser Sprache ein Denkmal zu setzen!

Was geht hier schief?

1. Die Ausführung eines interaktiven Programms ist eine Art Warte-Ping-Pong: Entweder wartet der Rechenprozess auf die Eingabe, oder der Bediener auf die Ausgabe. Wir bauen unsere Programme so, dass die Wartezeiten so kurz wie möglich sind. Die Zuschauer aber brauchen Zeit für das *Verstehen.*

Im normalen Vortrag redet man ja auch nicht so schnell wie man kann, sondern in einem Tempo, das den Zuhörern angemessen ist.

2. Der „Alleinunterhalter" ist überfordert, er ist weder auf die Bedienung konzentriert (und macht darum Fehler) noch auf den Vortrag (und verliert darum den Kontakt zu den Zuschauern).
3. Die Schritte eines Programmablaufs sind logisch verknüpft. Diese Struktur ist dem Bediener klar, er bewegt sich quasi blind durch sein System, wie man im Finstern durch seine Wohnung geht. Ein Fremder kann dabei nicht folgen, denn er kennt die übergeordnete Struktur natürlich *nicht*.
4. Bildschirme mit Fenstern, Icons, einer Uhr usw. sind voller Botschaften. Wer mit der Umgebung vertraut ist, weiß, welche davon wichtig, welche irrelevant sind, und übersieht unbewusst alles, was ohne Belang ist. Die Zuschauer haben ein solches Filter in der Regel nicht, sie müssen *alles* betrachten und ertrinken darum in der Fülle der – überwiegend nutzlosen – Informationen.

Eine schlechte Demo hat keinen Sinn, dem Betrachter wird nichts gezeigt, sondern die Zeit gestohlen. Was kann man tun, um *wirklich* etwas mitzuteilen?

1. Eine Demo ist ganz überwiegend ein **Vortrag**, sie muss viel, viel langsamer ablaufen als eine gewöhnliche Anwendung des Programms, und sie darf kein Selbstgespräch sein.
2. Bedienung und Erklärung lassen sich kaum unter einen Hut bringen. Darum sollte man, wenn es irgend möglich ist, diese **Rollen trennen**. Beispielsweise kann man
   - die Bedienung aufzeichnen, falls das Betriebssystem dies unterstützt; bei der Demo braucht man dann nur mit RETURN weiterzuschalten;
   - die wichtigen Bilder auf Folien bringen und den (aktiven) Rechner im Vortrag ganz weglassen;
   - zu zweit arbeiten, wobei der Bediener jeweils vom Vortragenden aufgefordert wird, den nächsten Schritt anzustoßen.
3. Bei einer Demo verliert der Betrachter meist rasch die Orientierung, weil er nur flüchtige Bilder sieht, deren Zusammenhang unklar ist. Darum sollte jede Demo durch **statische Bilder** unterstützt werden, die diesen Zusammenhang herstellen. Beispiel: Die Demo zeigt, wie ein Programm erst konfiguriert, dann ausgeführt wird. Eine Grafik auf Papier fasst diesen Ablauf zusammen. Bei jedem Schritt, der zu einem neuen Aufbau des Bildes führt, wird der Zusammenhang mit der Grafik hergestellt. Die Grafik muss groß und übersichtlich sein und über oder neben dem Bildschirm hängen.
4. Was ohne Bedeutung ist, sollte nicht gezeigt werden. Bei den indirekten Demos (d.h. bei der Arbeit mit Folien) kann man Ausschnitte zeigen, bei echten Demos sollte man alle Chancen nutzen, um das **Bild einfach zu halten**. Weg mit der Uhr! Weg mit dem neckischen Hintergrund! Weg mit allen Fenstern, die nicht gebraucht werden! Weg mit Menüs, die nichts beitragen!

Von Michael Jackson gibt es zur „Programm-Optimierung“ den weisen Rat, erstens darauf zu verzichten, zweitens, wenn sie denn unbedingt nötig ist, *vorerst* darauf zu verzichten und erst nach Analyse des Laufzeitverhaltens *gezielt* für eine akzeptable Laufzeit zu sorgen. Dieser Rat lässt sich auf die Programm-Demonstration übertragen:

a) Verzichten Sie auf die Demonstration!

b) Wenn das Programm gezeigt werden *muss*, verzichten Sie auf die Programmausführung, zeigen Sie stattdessen Folien (Sceenshots)!

c) Ist die reale Ausführung des Programms unentbehrlich, dann stellen Sie sicher, dass Sie den Rechner nicht selbst bedienen!

6.3 Checklisten zur Vorbereitung des Vortrags

Frage	**Überlegung oder Aktion**
• Ist das Thema klar?	Mit dem Veranstalter besprechen
• Beginn und Dauer des Vortrags klar? Soll Zeit für die Diskussion bleiben?	Mit dem Veranstalter besprechen, sicherstellen, dass das Programm vorliegt
• Ist klar, welche Leute zuhören werden und ob es irgendwelche speziellen Randbedingungen gibt?	Mit dem Veranstalter besprechen; speziell danach fragen; nach Möglichkeit schon ab Beginn der Veranstaltung teilnehmen
• Ist die zentrale Botschaft geklärt? Ist klar, welche Aussagen insgesamt rübergebracht werden sollen?	Zielsetzung des Vortrags klären, es können nicht mehr als zwei, drei Botschaften vermittelt werden. Weniger ist besser!
• Ist der allgemeine Aufbau der Folien durchdacht?	Foliengestaltung festlegen; auf jede Folie Name, Nr, Datum, Gesamtzahl der Folien. Keine Spielereien!
• Sind die Aussagen und die Informationen dazu sinnvoll über die Folien verteilt?	Nach dem Entwurf der Folien prüfen, welche Aussage mit jeder Folie verknüpft ist und ob alle Aussagen dargestellt sind
• Sind Einstieg und Schluss geplant, auch die Folien dazu?	Begrüßung, Vorstellung, Überblick und Zusammenfassung sind obligatorisch.
• Ist eine Möglichkeit zur Abkürzung eingeplant?	Ein nicht zentraler Aspekt oder ein notfalls entbehrliches Beispiel

• Sind die einzelnen Folien inhaltlich gestaltet und auf Rechtschreibung und Zeichensetzung geprüft?	Immer wieder durchlesen, vor allem auch nach Änderungen; nicht blind auf Spell-Checker vertrauen!
• Wurden die Folien in ihrer Endfassung (d.h. nach der letzten Änderung) kontrolliert?	Auch nach der kleinsten Änderung erneut kontrollieren!
• Ist die Technik vorhanden, funktioniert alles? Passen die Kabel?	Murphy's Law ist zuverlässig. Alles probieren!
• Stimmt die Dauer des Vortrags?	Zur Probe ganz halten! Allein geht es aber schneller als mit Zuhörern.
• Wurden Schwächen früherer Vorträge reflektiert?	Jeweils eine Schwäche gezielt bekämpfen, z.B. Sprechen zur Leinwand
• Ist der genaue Veranstaltungsort bekannt? Ist die rechtzeitige Anwesenheit zum Vortrag sichergestellt?	Die letzten hundert Meter sind oft tückisch. Es gibt keine Verkehrmittel, die die Pünktlichkeit garantieren!

Checkliste zur Präsentation mit Laptop und Beamer

• Ist auf dem Laptop die erforderliche Software installiert?	Prüfen, ob Software für den Vortrag (z.B. Acrobat Reader) und ggf. alle vorzuführenden Programme in der aktuellen Version laufen
• Sind alle Dateien auf dem Laptop?	Letzten Stand der Folien bereitstellen
• Bei fremdem Rechner oder Beamer: Ist die Bedienung klar?	Öffnen und Blättern reicht nicht aus, wenn etwas nicht glatt läuft.
• Funktioniert diese Kombination aus Laptop und Beamer? Bild klar und komplett sichtbar?	Geeignete Auflösung feststellen, alles ausprobieren! Schärfe und Bildränder prüfen
• Muss der Saal verdunkelt werden?	Bedienung der Jalousien o.Ä. klären
• Ist für die Demonstration ein Helfer bestimmt und eingewiesen?	Koordination von Vortrag und Demo muss probiert und geübt werden!
• Alternativ: Ist ein halbautomatischer Ablauf vorbereitet?	Bedienungen aus einer Datei lesen, Bediener muss Schritte nur anstoßen
• Sind während der Demo die übergeordneten Strukturen sichtbar?	Große Grafik auf Papier (Poster) oder mit zweitem Beamer zeigen
• Gibt es für die Folien und für ausgewählte Bilder der Demonstration eine Sicherheitskopie?	Alle Daten auf USB-Stick oder sonst einem kompakten Speichermedium bereithalten

7. Die Betreuung wissenschaftlicher Arbeiten

Alle wissenschaftlichen Arbeiten, die im Rahmen der Hochschulausbildung durchgeführt werden, müssen betreut werden. Wir konzentrieren uns hier wieder auf die Studien- und Abschlussarbeiten.

7.1 Die Interessen der Beteiligten

Da die ausgegebenen Themen meist eng mit der Forschung des jeweiligen Lehrstuhls zusammenhängen, ist nicht nur der Kandidat, sondern auch der Betreuer persönlich an einem guten Ergebnis interessiert. Aus Betreuer-Sicht sieht das so aus:

- Die Arbeit soll zur Forschung der Abteilung beitragen, in der Regel speziell zur Doktorarbeit des Betreuers.

Daraus ergeben sich oft weitere Interessen:

- Das Ergebnis einer Arbeit soll möglichst gut verwertbar sein. Da im Zuge der Arbeiten meist Software entsteht, die für den Betreuer wichtiger ist als der Bericht, wird er sich mehr um die Software als um den – letztlich zu benotenden – Bericht kümmern.
- Kennt der Kandidat seine zukünftige Arbeitsumgebung wenig oder gar nicht, so muss ihn der Betreuer mit erheblichem Aufwand anleiten. Aus diesem Grunde neigen viele Betreuer (getreu dem Grundsatz von B.W. Boehm: „Use better and fewer people“) dazu, gute Studenten möglichst lange, also als Hilfskräfte, für Studien- und Abschlussarbeit an die eigene Abteilung zu binden. Der Kandidat sollte sich aber klarmachen, dass sein Interesse eher in Richtung einer vielseitigen Ausbildung geht.

Mit der Rolle des Betreuers ist aber auch die Verpflichtung verbunden, die *Lehrveranstaltung* „Abschlussarbeit“ abzuhalten, d.h. dem Kandidaten das selbständige und systematische wissenschaftliche Arbeiten beizubringen. Dies gilt verstärkt für die Studienarbeit, die eine Art Vorübung für die Diplomarbeit darstellt. Dazu muss die Arbeit ausreichend und kontinuierlich betreut werden.

Der Kandidat verbindet mit einer Studien- und Abschlussarbeit ebenfalls Erwartungen und Interessen:

- Er möchte anhand der Arbeit ein neues Gebiet kennen lernen und sein Wissen entsprechend erweitern und vertiefen.
- Er möchte lernen, wie eine wissenschafliche Arbeit systematisch durchgeführt wird, und Projekterfahrung sammeln.
- Er möchte eine vorgeschriebene Prüfungsleistung erbringen und dabei eine gute Note erzielen.

Den meisten Gewinn von einer Arbeit werden Betreuer und Kandidat dann haben, wenn das Thema sorgfältig gestellt und gewählt wurde und beide neben ihren eigenen Interessen auch die Interessen des anderen sehen und ihren Teil zum Gelingen beitragen; der Betreuer durch eine ausreichende und sinnvolle Betreuung, der Kandidat durch ausreichenden und kontinuierlichen Einsatz.

Gerade dann, wenn Prüfer und Betreuer an eine Arbeit sehr konkrete Erwartungen haben, geht die Sache eventuell schief. Das erhoffte Resultat wird nicht erzielt, und attraktive Zwischenergebnisse gibt es nicht. Wir haben eine Art Kolumbus-Effekt vor uns: Wenn es ihm nicht gelingt, Indien auf der Westroute zu erreichen, kehrt er gar nicht oder mit leeren Händen heim. (Wie wir wissen, ist es ihm gelungen; was er entdeckt hat, war zwar nicht Indien, aber das hat er selbst nicht gewusst.) Darum sollte eine Aufgabe so gestellt sein, dass sie unterschiedlich hohe Hürden bietet. Dann kann der Prüfer bei der Bewertung das Notenspektrum voll ausnutzen.

7.2 Die Betreuung einer Arbeit

7.2.1 Notwendige Aktivitäten

Der Betreuer muss für jede Arbeit bestimmte Aktivitäten durchführen, die von der konkreten Aufgabenstellung unabhängig sind. Diese „Standardaktivitäten der Betreuung" sind für den reibungslosen und erfolgreichen Verlauf einer Arbeit notwendig. Jeder Betreuer muss diese Leistungen erbringen, der Kandidat hat Anspruch darauf. Nachfolgend werden diese Aufgaben aufgelistet und kurz erläutert.

Die Definition der Aufgabe

Die Aufgabenstellung einer Studien- oder Abschlussarbeit muss in Art und Umfang den Bestimmungen in der Studien- und Prüfungsordnung entsprechen. Sie muss also einen abgeschlossenen Arbeitsinhalt haben, der bei normalem Arbeitsverlauf in der vorgeschriebenen Zeit (z.B. sechs Monate) bearbeitet werden kann. Für die Diplom- oder Master-Arbeit gilt zusätzlich, dass sie eine wissenschaftliche Komponente enthalten muss.

Diese Randbedingungen haben für den Betreuer die folgenden Konsequenzen:

- Er muss im jeweiligen Forschungsprojekt Aufgaben identifizieren, die so weit überschaubar sind, dass der Aufwand gut abgeschätzt werden kann. Der erforderliche Aufwand muss dem Zeitrahmen angemessen sein.
- Er muss bei einer Diplom- oder Master-Arbeit den wissenschaftlichen Anteil der Aufgabenstellung sicherstellen.
- Er muss den Schwerpunkt der Aufgabe bestimmen, der in jedem Fall bearbeitet werden muss, und unabhängige Teilaufgaben definieren. Dies macht es später möglich, den Umfang der Arbeit notfalls zu reduzieren.
- Er muss Inhalt und Umfang der Aufgabe klar beschreiben, damit der Kandidat weiß, was bearbeitet werden muss, um die Aufgabe vollständig zu lösen.

- Da jede Diplom- oder Master-Arbeit einen wissenschaflichen Anteil hat, darf höchstens die halbe Zeit der Programm-Implementierung dienen.

Der verantwortliche Prüfer muss sicherstellen, dass die Betreuer diese Regeln einhalten.

Es ist strittig, wie weit der Kandidat an der Aufgabenstellung mitwirken darf oder soll. Wir meinen, dass gerade Informatiker lernen müssen, nach Vorgabe zu arbeiten. Wo nötig und sinnvoll, kann der Kandidat eine *Modifikation* der Aufgabenstellung anregen. Das ist sinnvoll, wenn die ersten Schritte ein anderes Ergebnis haben, als erwartet wurde.

Die Form der Aufgabenstellung

Jede Aufgabenstellung muss schriftlich formuliert werden, da sie als Grundlage für die Arbeit dient und Teil des Vertrags zwischen Prüfer und Kandidat ist. Sie muss mindestens folgende Informationen enthalten:

- *Art der Aufgabe* (z.B. Diplomarbeit)
- *Name, Matrikelnummer und Fachrichtung des Kandidaten*
- *Thema der Aufgabe*
- *Hintergrundinformation*
  Sie beschreibt kurz, wie die Arbeit in das übergeordnete Forschungs- oder Kooperationsprojekt eingebettet ist.
- *Problemstellung*
  Sie beschreibt die gestellte Aufgabe so, dass der Schwerpunkt und der Umfang der Arbeit klar zu erkennen sind.
- *Teilaufgaben*
  Es werden die Teilaufgaben definiert, die im Umfang der Arbeit liegen und vom Kandidaten ausgeführt werden müssen.
- *Organisatorisches*
  Ausgabetermin, Abgabetermin, Prüfer und Betreuer
- *Literatur*
  Sie dient dem Kandidaten als Einführung in das Thema und als Ausgangspunkt seiner eigenen Literatursuche.

Einführen des Kandidaten in das Thema

Ein Student kann sich nur dann für eine Studien- oder Abschlussarbeit entscheiden, wenn er die Aufgabenstellung wenigstens ungefähr versteht. Dazu muss ihm der potenzielle Betreuer die Aufgabenstellung und das Arbeitsgebiet, aus dem die Aufgabe stammt, bereits vor der Vergabe erläutern oder ihm entsprechende Literatur geben. Ist das Thema angenommen, so benötigt der Kandidat weitere Informationen und Erläuterungen zur Aufgabenstellung.

Die Einführung des Kandidaten ist sehr wichtig, da darauf die gesamte Aktivitäts- und Zeitplanung der Arbeit basiert.

Beraten bei der Arbeitsplanung

Jeder Kandidat muss seine Arbeit planen. Dazu muss er zu Beginn seiner Arbeit einen Zeitplan erstellen. Dieser zeigt alle wesentlichen Projektaktivitäten in ihrer zeitlichen Reihenfolge. Damit der Kandidat den Zeitplan erstellen kann, muss er das Thema der Arbeit ausreichend verstanden haben, um die notwendigen Aktivitäten grob identifizieren zu können. Im Verlauf der Arbeit muss der Zeitplan nachgeführt werden.

Da der Kandidat in der Regel kaum Erfahrungen in der Zeitplanung einer Arbeit hat, muss ihn der Betreuer dabei beraten. Ohne diese Hilfe machen fast alle Kandidaten die gleichen Fehler; sie unterschätzen den Aufwand für Test und Integration der Programme, vor allem aber den für die Fertigstellung des Berichts. Die Meilensteine „Ende Codierung" und „Programmsystem fertig" sind also zu spät eingeplant; dagegen wird (wohl aus Furcht vor den Tätigkeiten Spezifikation und Entwurf) der Beginn der Implementierung oft zu früh angesetzt.

Überwachen des Arbeitsfortschritts

Nur wenn der Betreuer jederzeit den Stand der Arbeit kennt, kann er sicherstellen, dass sie – mutmaßlich – termingerecht abgeschlossen werden wird. Dazu muss er den Zeitplan heranziehen. Dieser enthält in Form von Meilensteindefinitionen die Termine der wichtigen Zwischenresultate wie Lösungskonzept oder Entwurfsbeschreibung.

Wenn der Betreuer nicht bereits auf kleine Unstimmigkeiten zwischen Soll- und Istzustand reagiert, ist es bald für eine Kurskorrektur zu spät, und die Arbeit wird nach aller Erfahrung schiefgehen (d.h. später abgebrochen oder, was oft schlimmer ist, angenommen und mit 3 oder 4 quittiert). Darum sollte der Stand der Arbeit in den Besprechungen diskutiert werden. Falls der Kandidat einen Meilenstein nicht rechtzeitig erreicht hat, muss er dies begründen. Ist die Verzögerung nicht vom Kandidaten zu vertreten und sieht weder er selbst noch der Betreuer eine Möglichkeit, die verlorene Zeit aufzuholen, so muss die Arbeit so reduziert werden, dass sie in der verbliebenen Zeit ausgeführt werden kann.

7.2.2 Der Betreuungsaufwand

Auch der Betreuer wendet für die Arbeit viel Zeit auf, die er bei seiner eigenen Arbeitsplanung berücksichtigen muss. Der Aufwand für die Betreuung ist nicht konstant, sondern verteilt sich wie in Abb. 15 dargestellt.

Die Definition der Arbeit verursacht bereits einen Aufwand, noch bevor die Aufgabe an einen Kandidaten ausgegeben wurde. Der in dieser Phase investierte Aufwand zahlt sich jedoch während der Durchführung der Arbeit aus.

In der Einführungsphase muss der Kandidat intensiv vom Betreuer unterstützt werden, damit er die Themenstellung durchdringt, die Arbeit plant und Lösungsansätze entwickeln kann. In dieser Phase der Arbeit müssen die Besprechungen zwischen Betreuer und Kandidat in kurzen Abständen, mindestens einmal pro Woche, durchgeführt werden.

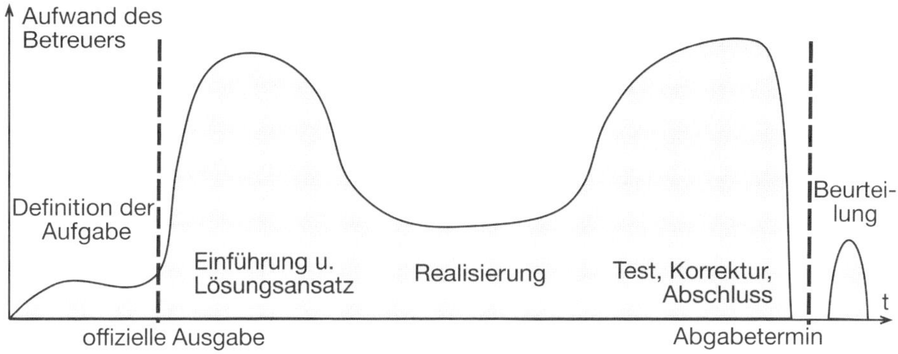

Abb. 15: Der Betreuungsaufwand

Danach kann der Kandidat weitgehend selbständig seine Lösungen umsetzen. Das bedeutet jedoch nicht, dass er in dieser Phase ohne Betreuung arbeiten soll. Der Betreuer muss den Fortschritt der Arbeit aufmerksam beobachten, damit sie im vorgesehenen Zeitrahmen bleibt. Aus diesem Grunde sollten mindestens alle zwei Wochen Besprechungen stattfinden. Treten Schwierigkeiten auf, müssen sich Kandidat und Betreuer öfter zusammensetzen. Und wenn die Probleme bedrohlich sind, sollte der Prüfer eingeschaltet werden.

In der Endphase der Arbeit wächst der Aufwand für den Betreuer, weil er die Ergebnisse, meist Software und Bericht, prüfen muss. Hier sollten die Besprechungsintervalle wieder kürzer sein, etwa einmal pro Woche. Der Kandidat sollte allerdings nicht dem Irrtum erliegen, dass der Betreuer für die Qualität sorgt. Es ist vielmehr Sache des Betreuers, den Kandidaten auf Mängel hinzuweisen. In keinem Falle sollte er dem Kandidaten die Aufgabe abnehmen, den Bericht und andere Ergebnisse komplett zu prüfen. Nicht der Betreuer trägt die Verantwortung für die Ergebnisse, sondern der Kandidat.

Aus diesen Aussagen lassen sich nun Konsequenzen für den Betreuer ziehen.

- Der Betreuer muss den Zeitaufwand für die Betreuung einer Arbeit in die eigene Zeit- und Arbeitplanung einfließen lassen, damit er die Arbeit vernünftig betreuen kann.
- Er sollte niemals so viele Arbeiten gleichzeitig betreuen, dass die Betreuung der einzelnen Arbeiten darunter leidet.

7.2.3 Lehren und Prüfen: Aspekte der studentischen Arbeiten

Studien- und Abschlussarbeiten haben zweierlei Funktionen:

- Einerseits handelt es sich um einen Teil der Lehre. Darum werden die Arbeiten betreut, und wir erwarten natürlich, dass die Kandidaten dabei auch wirklich etwas lernen.

- Andererseits handelt es sich um eine Prüfungsleistung. Wir benoten also das Ergebnis.

Diese beiden Aspekte sind nicht ohne weiteres verträglich, und die Verbindung macht uns immer wieder beträchtliche Mühe. Abb. 16 deutet schematisch an, wie sich die Rolle des Betreuers im Laufe der Arbeit verschiebt. Natürlich ist der Verlauf in Wirklichkeit nicht linear.

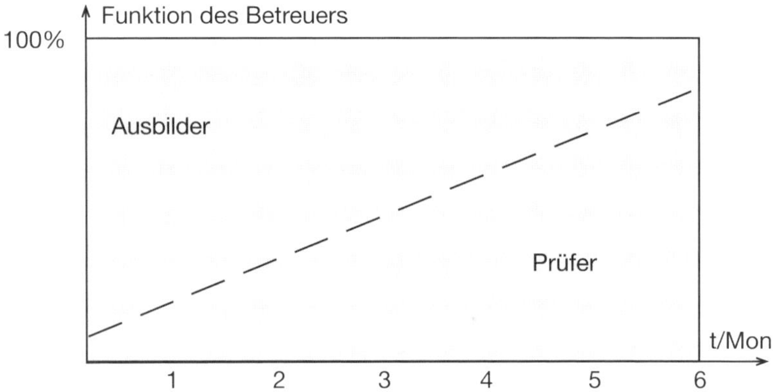

Abb. 16: Der Rollenwechsel vom Ausbilder zum Prüfer

Der Betreuer hat zu keinem Zeitpunkt nur eine einzige Rolle. Der Kandidat kann bereits am Anfang, beispielsweise bei der Planung der Arbeit, „Punkte sammeln", ebenso kann er noch kurz vor der Abgabe vom Betreuer lernen.

7.3 Die Bewertung

Arbeiten werden beurteilt und benotet. *Formal* ist dies der zentrale Zweck. Die Bewertung ist eine wichtige und schwierige Aufgabe, weil diese Note für den Kandidaten besondere Bedeutung hat. Damit eine Arbeit nicht nur nach Gefühl bewertet wird, müssen wir uns fragen, welche Ziele mit einer Arbeit verfolgt werden und an welchen Kriterien sich die Bewertung orientiert.

7.3.1 Allgemeine Ziele und Anforderungen

Jede konkrete Aufgabenstellung definiert Anforderungen und Ziele, die erreicht werden müssen. Daneben bestehen bei der Abschlussarbeit Anforderungen, die durch den Studienplan und die Prüfungsordung definiert sind:

- Der Kandidat muss zeigen, dass er im Laufe seines Studiums die nötigen Fachkenntnisse erworben hat, um die Arbeit durchzuführen.
- Er muss beweisen, dass er eine gegebene Aufgabe in begrenzter Zeit selbständig lösen kann.

- Er muss demonstrieren, dass er zielstrebig, systematisch und nach wissenschaftlichen Prinzipien arbeiten, also wissenschaftliche Erkenntnisse und Methoden anwenden kann.
- Er muss in der Lage sein, seine Ergebnisse zu formulieren und zu präsentieren.

Bei einer Doktorarbeit kommt noch der Aspekt hinzu, dass sie einen Fortschritt der Wissenschaft enthalten muss.

7.3.2 Die Bewertungskriterien

Aus den allgemeinen Anforderungen resultieren die folgenden Bewertungskriterien:

- **Kenntnisse und Fähigkeiten**
  Der Kandidat muss vor Beginn der Arbeit gewisse Fachkenntnisse besitzen. Diese werden vorausgesetzt. Es sollte allerdings auch in der Lage sein, sich während der Arbeit neues Wissen anzueignen.
- **Systematik und Wissenschaftlichkeit**
  Ein wesentliches Ziel der Prüfungsarbeiten ist, dem Kandidaten zu zeigen, wie er eine Arbeit systematisch und wissenschaftlich durchführt. Dieser Bewertungspunkt entfällt somit bei einer Studienarbeit. Bei Diplom-, Master- und Doktorarbeiten wird jedoch gefordert, dass der Kandidat seine Arbeiten nach wissenschaftlichen Prinzipien anfertigt, so wie sie in diesem Bericht formuliert sind.
- **Initiative und Einsatz, Selbständigkeit**
  Der Kandidat muss die Arbeit selbständig durchführen. Das heißt jedoch nicht, dass er nicht betreut werden müsste; entscheidend ist, ob der Kandidat weitgehend selbständig erkennt, was als nächstes zu tun ist, oder ob er immer wieder Anstöße des Betreuers braucht.

  Initiative und Einsatz stehen in engem Zusammhang mit der Selbständigkeit. Ein Kandidat hat bei jeder Arbeit die Chance, seine eigenen Ideen zu verfolgen. In welchem Maße er dies tut, ist ausschlaggebend für diese Bewertung.
- **Qualität der Ergebnisse**
  Natürlich hat die Qualität des erzielten Resultats das größte Gewicht. Dazu gehört auch, ob der Kandidat alle Teilaufgaben erfüllt oder sogar Ergebnisse erzielt hat, die den Wert der Arbeit erhöhen, aber nicht zu erwarten waren.
- **Präsentation der Ergebnisse**
  Die Ergebnisse der Arbeit werden im Bericht formuliert und im Vortrag am Ende der Arbeit präsentiert. Beide Leistungen werden hier beurteilt.

Die genannten Bewertungkriterien sind nachfolgend in einer Tabelle (5 a und b) zusammengefasst. Die Verwendung dieser Tabelle garantiert, dass tatsächlich alle Kriterien betrachtet und gewertet werden. Sie wird in einigen Abteilungen der Informatik in Stuttgart eingesetzt.

Gegen diese Tabelle wurde von einem Leser eingewendet, dass sie zu einer schlechteren Bewertung als üblich führe. Wir stehen dazu, denn wir halten die Inflation der „sehr guten" Abschlussarbeiten für schädlich (vor allem für die *wirklich* sehr guten) und machen dabei nicht mit.

Wenn die Arbeit abgeschlossen ist, verfasst der Betreuer eine Beurteilung, auf deren Grundlage der Prüfer über die Note entscheidet.

Jedem Kandidaten ist zu raten, sich *vor* Beginn der Arbeit nach den Beurteilungskriterien und -verfahren zu erkundigen. Ist die Note festgelegt, so sollte er sich um eine Erläuterung bemühen, selbst dann, wenn die Bewertung „gut" oder „sehr gut" lautet.

Bewer- tungs- krite- rium	**Kenntnisse und Fähigkeiten**	**Systematik und Wissen-schaftlichkeit**	**Initiative und Einsatz, Selbständig-keit**	**Qualität der Ergebnisse**	**Präsen-tation der Ergebnisse**
Stufe A	Fundierte Kenntnisse und Inter-esse, sich fehlende Kenntnisse anzueignen	Die Arbeit wurde wissenschaft-lich und systematisch durchgeführt	Durch eigene Ideen und Initiative wurden alle Ziele erreicht oder über-troffen	Es wurden besonders gute und neue Ergeb-nisse erzielt	Vorbild-liche Präsen-tation der Ergebnisse
Punkte	12...15	12...15	16...20	26...30	16...20
Stufe B	Fundierte Kenntnisse, Interesse	Die Arbeit wurde weitgehend systematisch durchgeführt	Die Arbeit wurde selb-ständig durchgeführt, eigene Ideen wurden eingebracht	Alle geforderten Ergebnisse wurden erzielt	Sachkun-dig und überlegt, sorgfältig
Punkte	8...11	8...11	11...15	18...25	11...15
Stufe C	Mittel-mäßige Kenntnisse, wenn nötig, Kenntnisse erworben	Die Arbeit wurde teilweise systematisch durchgeführt	Gewisse Ei-geninitiative war erkenn-bar, Ziel ist teilweise erreicht	Die Ergeb-nisse waren befriedi-gend	Nur das Nötigste an Sorgfalt
Punkte	4...7	4...7	6...10	11...17	6...10
Stufe D	Mangelnde Kenntnisse, auch wenig Interesse, sie zu erweitern	Die Arbeit wurde systemlos durchgeführt	Wenig Eigen-initiative	Es wurde nur ein minimales Ergebnis erzielt	Präsen-tation war schlecht, schlampig
Punkte	0...3	0...3	0...5	0...10	0...5

Tab. 6 a: Bewertungsbogen für Studien- und Abschlussarbeiten

38...43	44...49	50...55	56...61	62...67	68...73	74...79	80...85	86...92	93...100
4.0	**3.7**	**3.3**	**3.0**	**2.7**	**2.3**	**2.0**	**1.7**	**1.3**	**1.0**

Tab. 6 b: Zuordnung der Noten zu den Punktzahlen

7.4 Checklisten

Nachfolgend sind die Aussagen zur Betreuung wissenschaftlicher Arbeiten in Form von zwei Checklisten zusammengefasst. Die erste enthält die wichtigsten Punkte, die der Betreuer beachten muss, wenn er eine Arbeit ausgeben möchte. Die zweite enthält die Punkte, die der Kandidat beachten sollte, wenn er eine Arbeit durchführen will. Können alle Fragen mit „ja" beantwortet werden, so steht der Arbeit nichts im Wege.

7.4.1 Checkliste für den Betreuer

(1) Kann ich die Arbeit ausreichend betreuen?

(2) Stehen alle benötigten Hilfsmittel zur Verfügung?

(3) Habe ich die Aufgabe vollständig beschrieben?

(4) Gibt es Teilziele, die eine differenzierte Bewertung unterstützen?

(5) Bei Diplom- oder Master-Arbeiten: Enthält die formulierte Aufgabenstellung eine wissenschaftliche Komponente?

(6) Ist die Aufgabe nicht zu komplex, um in der gegebenen Zeit bearbeitet zu werden?

(7) Kann die Aufgabe notfalls reduziert werden?

7.4.2 Checkliste für den Kandidaten

(1) Sind alle formalen Voraussetzungen gegeben?
(z.B. Abschluss gewisser Prüfungen, Praktika o.Ä.)

(2) Habe ich die gewählte Aufgabe im Wesentlichen verstanden?

(3) Erfülle ich alle allgemeinen und speziellen Voraussetzungen?
(Vorlesungen, Sprach- und Werkzeugkenntnisse)

(4) Erscheint mir die Aufgabe in der vorgeschriebenen Zeit lösbar?
(Sonst sollte ich noch einmal mit dem Betreuer darüber sprechen.)

(5) Kann ich mich der Arbeit ausreichend (bei einer Abschlussarbeit: zu 100 %) widmen? Ist ein Urlaub oder eine andere „Belastung" geplant?

(6) Habe ich den Eindruck, dass ich mit dem Betreuer gut zusammenarbeiten kann?

(7) Weiß ich, von wem und nach welchen Kriterien die Arbeit bewertet wird?

8. Merkblatt für Studien- und Diplomarbeiten

Das hier wiedergegebene Blatt wird an die Informatik-Studenten der Universität Stuttgart ausgegeben.

Diese Information soll Regelungen und Hinweise, die in verschiedenen Ordnungen, Fakultätsbeschlüssen u.Ä. verstreut sind, zusammenfassen und ergänzen; sie ist selbst *nicht* als zusätzliche Regelung zu verstehen.

1. Vorbereitung

Klären Sie möglichst früh, in welcher Abteilung Sie eine Arbeit anfertigen möchten, und erkundigen Sie sich nach Arbeitsgebieten und Themen, auch nach den Voraussetzungen, die Sie für die gewünschten Arbeiten mitbringen müssen (z.B. Teilnahme an gewissen Lehrveranstaltungen, Kenntnisse in bestimmten Programmiersprachen). Fragen Sie andere Studenten nach ihren Erfahrungen in den verschiedenen Abteilungen der Fakultät; in der Fachschaft werden diese Erfahrungen gesammelt.

Verschaffen Sie sich eine möglichst breite Ausbildung, indem Sie Studien- und Diplomarbeit in *verschiedenen* Arbeitsumgebungen anfertigen.

Lesen Sie zur Vorbereitung entsprechende, gut beurteilte Arbeiten anderer Studenten und besuchen Sie die Zwischen- und Abschlussvorträge (siehe 5.). Informieren Sie sich über die Beurteilungskriterien. Das „Kolloquium über die Durchführung wissenschaftlicher Arbeiten", das jährlich angeboten wird, gibt zu diesen Fragen Hinweise.

Studien- und Diplomarbeiten können nur von Personen *ausgegeben* und *geprüft* werden, die für die Informatik-Studiengänge als Prüfer zugelassen sind. Dies sind die Informatik-Professoren und einige wenige weitere Leute. Andere Institutionen (Hochschul- oder Forschungsinstitute, Unternehmen) können u.U. Arbeiten *betreuen*. Die Fakultät hat aber den Prüfern empfohlen, eine solche Kooperation nur einzugehen, wenn bestimmte Kriterien erfüllt sind. Insbesondere darf die Arbeit nicht in einem Zusammenhang mit einer bezahlten Tätigkeit des Kandidaten stehen, und die Betreuung und Ausrichtung entsprechend der Prüfungsordnung müssen gewährleistet sein.

2. Ausgabe und Anmeldung

Zu Beginn der Arbeit erhalten Sie die Aufgabenstellung und das Anmeldungsformular, das von Ihnen, dem Betreuer und dem Prüfer unterzeichnet wird. Diese Papiere stellen eine Art Arbeitsvertrag und den Bezugspunkt der Bewertung dar. Bitte achten Sie selbst darauf, dass die Aufgabe klar gestellt ist und dass die Anmeldung tatsächlich erfolgt.

Soll die Arbeit außerhalb der Fakultät Informatik betreut oder geprüft werden, so stellen Sie bitte *vorher* einen formlosen, auch vom vorgesehenen Prüfer und externen Betreuer unterzeichneten Antrag an den Prüfungsausschuss.

3. Betreuung, Durchführung

Die Erfahrung zeigt, dass ein zu Beginn aufgestellter Zeitplan wesentlich zum Gelingen der Arbeit beiträgt. Erstellen Sie ihn gemeinsam mit dem Betreuer und führen Sie ihn nach, so dass Sie jederzeit wissen, wie weit Sie sind.

Beschaffen Sie möglichst frühzeitig alle notwendige Literatur und sammeln Sie von Anfang an Ihre Zwischenresultate – als Bausteine des Berichts (d.h. der Studien- oder Diplomarbeit). Verwenden Sie nur ein Textsystem, das Ihnen eine gewisse Kompatibilität mit anderen Rechnern und Umgebungen garantiert.

Nehmen Sie – in Ihrem Interesse – die Betreuung wirklich in Anspruch.

Vermeiden Sie alles, was unsere Rechner beschädigen oder „infizieren" könnte. Sie haften für Schäden, die Sie vorsätzlich oder grob fahrlässig herbeigeführt haben.

4. Probleme, Unterbrechungen

Vermeiden Sie, dass Ihre Arbeit von Voraussetzungen abhängt, die erst noch geschaffen werden müssen (z.B. Hardware- oder Software-Lieferungen, Abschluss anderer Arbeiten). Kommt es im Verlauf der Arbeit trotzdem zu Schwierigkeiten oder Behinderungen, die Sie nicht zu vertreten haben, so nehmen Sie Kontakt mit dem Prüfer auf und bitten Sie ihn, eine Unterbrechung zu beantragen. Diese ist – anders als eine Verlängerung – mit nachvollziehbaren Gründen möglich.

5. Abschluss, Bericht, Vortrag

Beginnen Sie rechtzeitig damit, den Bericht zu verfassen. Bedenken Sie, dass Sie vor der Abgabe noch Zeit brauchen, um Fehler zu suchen und zu beheben. Ihr Betreuer wird Ihnen mit kritischem Rat beistehen, wenn Sie ihm die Chance dazu geben.

Hinterlassen Sie Ihre Software-Produkte nach Absprache mit dem Betreuer in übersichtlicher, wohldokumentierter Form.

In der Regel gehört zur Abgabe auch ein Vortrag; in manchen Abteilungen wird auch ein Zwischenvortrag verlangt. Kümmern Sie sich rechtzeitig um die Termine.

6. Benotung

Erkundigen Sie sich bei Ihrem Betreuer, wann Sie mit der Note rechnen können, und nutzen Sie nach der Bewertung die Chance, sich vom Prüfer die Note begründen zu lassen (Sprechstunde!).

9. Tipps für Prüfungen und Stellensuche

Wer eine Abschlussarbeit schreibt, legt auch Prüfungen ab und sucht eine Stelle. Darum gebe ich hier, gespeist aus zwei Jahrzehnten Erfahrung als Prüfer, als Vorgesetzter, als Ansprechpartner für Personalabteilungen und gelegentlich auch als Berater für stellensuchende Absolventen, ein paar Ratschläge. Ich wechsele vom „wir" zum „ich", weil dieses Kapitel entstanden ist, nachdem drei der vier Verfasser nicht mehr an Bord sind.

9.1 Prüfungstipps

Natürlich geht es nicht um Wunder – eine solide Vorbereitung ist noch immer der beste Tipp. Aber man kann vor und in der Prüfung noch erstaunlich viel falsch machen.

1. Wenn Sie grundsätzliche Probleme mit Prüfungen haben (starke **Prüfungsangst**), dann versuchen Sie nicht, mit dem Kopf durch die Wand zu gehen, sondern nehmen Sie erst eine psychotherapeutische Beratung in Anspruch (für Studenten meist kostenlos) und lösen Sie Ihre Probleme *nacheinander*. In der Prüfung nützt Ihnen der Hinweis auf Ihre Schwierigkeiten nichts mehr.

2. Lernen Sie **schritthaltend** mit den Vorlesungen, und absolvieren Sie die **Prüfungen so früh wie möglich**. Wer so vorgeht, hat nach aller Erfahrung den geringsten Gesamtaufwand und die kürzeste Studiendauer. Wer dagegen die Prüfungen aufschiebt und nach allzu vielen Semestern scheitert, hat doppelten Schaden.

3. Verschaffen Sie sich **alte Klausuren** und ähnliches Material. Bei mündlichen Prüfungen fragen Sie frühere Kandidaten nach ihren Erfahrungen.

4. Bereiten Sie sich zu zweit oder in einer **Gruppe** auf die Prüfungen vor. Prüfen Sie sich **gegenseitig**, vor allem durch hartnäckiges Nachfragen. Geben Sie sich dabei nicht mit schwammigen Antworten zufrieden.

5. Für den Fall, dass Ihnen bei der Vorbereitung Unklarheiten geblieben sind, besteht an vielen Lehrstühlen die Möglichkeit, sich zu bestimmten Terminen von den Mitarbeitern **beraten und helfen** zu lassen. Das nützt Ihnen natürlich nichts, wenn Sie erst zwei Tage vor der Prüfung Ihre Lücken erkennen. Auch die Prüfungsvorbereitung bedarf der Planung.

6. Lernen Sie nicht bis hart an die Prüfung, gewinnen Sie vorher **Abstand**. Sonst kann es Ihnen in der Prüfung passieren, dass Sie den Wald vor lauter Bäumen nicht sehen.

7. Bringen Sie Ihren **Studentenausweis** und die notwendigen **Unterlagen** mit zur Prüfung.

8. Starten Sie bei Klausuren **nicht zu hastig**. Sie übersehen dann leicht den einfachsten Weg (und die einfachsten Aufgaben). Darum zuerst in Ruhe lesen und denken, *dann* entwerfen, *dann* schreiben.

9. Wenn die Zeit der Klausur um ist, verzichten Sie darauf, in Panik noch etwas hinzuschmieren. Das bringt erfahrungsgemäß gar nichts. Achten Sie lieber darauf, dass Sie in diesem Moment das Denken nicht völlig einstellen und Ihre Klausur in die Tasche stecken. Das passiert leider immer wieder.

10. Bei mündlichen Prüfungen ist es eine Flegelei, wenn Sie weder **abgemeldet** sind noch zur Prüfung erscheinen.

11. Sie brauchen dem Prüfer nicht zu sagen, dass Sie **aufgeregt** oder auch *sehr* aufgeregt sind; das gilt wirklich für fast alle Kandidaten. Vermeiden Sie in der Prüfung nervöse Ticks, z.B. die Misshandlung eines Kugelschreibers; Prüfer sind auch nur Menschen.

12. Achten Sie genau auf die Fragen und beantworten Sie sie **präzise**. Die Idee, *irgendetwas* zu antworten, um über die Zeit zu kommen, ist nicht sehr originell, und sie stehlen sich selbst die Zeit für *richtige* Antworten. Wenn Sie die Antwort nicht wissen, sagen Sie es am besten gleich. Ist Ihnen die Frage (*wirklich*) nicht verständlich, fragen Sie zurück.

13. Nach einer **falschen Antwort** sollten Sie nicht mit Schicksal und Prüfer hadern und ihn davon zu überzeugen suchen, dass Sie *an sich* das Richtige gesagt hätten. Antworten Sie lieber auf die nächste Frage das Richtige.

14. Werfen Sie keine Begriffe in die Prüfung, die Sie nicht verstehen. Der Prüfer ist geradezu verpflichtet, bei **unpassenden Stichwörtern** nachzufragen. Häufig geht dann der Kandidat in die selbst gestellte Falle.

Eine Prüfung verschafft nicht nur der Fakultät und dem Prüfungsamt Informationen, sondern vor allem auch dem Kandidaten. Wenn Sie eine Prüfung glänzend bestanden haben, können Sie mit gutem Grunde stolz sein; wenn Sie aber nur mit Müh' und Not über die Hürde gekommen sind, sollten Sie sich sehr ernsthaft fragen, ob Sie den richtigen Weg eingeschlagen haben. Prüfer legen die Grenzlinie aus naheliegenden Gründen (*in dubio pro reo*, wenn hier auch niemand angeklagt ist) oft so, dass nur die allerschlechtesten Kandidaten formal mit „ungenügend" bewertet werden. Die übrigen sind dann zwar auf dem Papier, aber keineswegs auch praktisch „genügend".

Wenigstens in Ihrem eigenen Fach sollten Sie keine große Mühe haben, sonst war an Ihrer Berufswahl oder Ihrer Selbsteinschätzung etwas faul. Anders als vor zwanzig Jahren bietet heute ein knapp geschafftes Studium mit schwachen Noten keine Gewähr mehr für beruflichen Erfolg; ein respektabler Abschluss auf einer anderen, formal niedrigeren Schulstufe ist sicher der bessere Ausweis.

9.2 Stellensuche

Nach dem Studium braucht der Kandidat eine Stelle. Damit er dann auch wirklich eine hat, muss er sie während des Studiums, typisch während der Abschlussarbeit, suchen. Dazu sollen hier einige Tipps weitergegeben werden.

Das Wichtigste ist der rechtzeitige Start. Viele Studenten verschieben die Stellensuche in die Zeit nach dem Abschluss. Das ist nur zu verständlich, denn man möchte erst einmal wieder den Kopf frei haben, und man stellt sich auch vor, mit einer fast vollständigen Zusammenstellung der Noten eine bessere Ausgangsposition zu haben.

Aber das stimmt nicht. Denn zum einen kommt die Note für die Abschlussarbeit ohnehin in aller Regel zu spät, so dass man erst Monate nach der Abgabe mit dem kompletten Zeugnis aufwarten kann. Zum anderen aber bringt man sich unter Druck, denn ein paar Wochen nach dem Studium sollte es doch mit der Stelle geklappt haben, nicht nur wegen des Geldes, sondern auch, weil es immer schwieriger wird zu erklären, warum man so lange Zeit keine Stelle gefunden hat.

Aus diesen Gründen ist den Kandidaten unbedingt zu raten, dass sie weit vor dem Ende ihres Studiums mit der Suche beginnen. Das schließt den ersehnten langen Urlaub nicht aus; gerade wenn besonders gute Leute gebraucht werden, ist man auch bereit, ein Vierteljahr auf sie zu warten. Die frühe Suche ist umso wichtiger, je mehr Probleme zu erwarten sind. Wer sein Studium erst nach neun oder zehn Jahren abschließt, hat es auch in guten Zeiten auf dem Arbeitsmarkt schwer, genau wie jemand, dessen Zeugnisse ganz und gar ohne Glanz sind.

Wer die Stellensuche hinter sich hat, stellt meist fest, dass der Zeitaufwand erheblich war. Diese Zeit ist bei der Planung der Abschlussarbeit zu berücksichtigen!

Stellenangebote gibt es natürlich nicht nur in der Zeitung, sondern über alle denkbaren Kontakte; immer mehr Stellen werden auch im Web angeboten. Da sich die Industrie oft an Hochschullehrer wendet, wenn sie Angestellte mit spezieller Qualifikation sucht, sollten die Kandidaten auch dort nachfragen und die Anschlagbretter studieren.

Bei den Bewerbungsschreiben kommt es darauf an, den richtigen Ton und Stil zu treffen. Wenn ich eine Bewerbungen bekomme, die auf wenigen Zeilen mehrere Fehler enthält oder deren Text aus Standardformulierungen zusammengestellt ist, erhöht das mein Interesse an dem Kandidaten nicht. Wenn die Bewerbung aussieht wie der Hochglanzprospekt für einen Sportwagen, wirkt das nicht viel besser. Ich bin auch immer wieder überrascht, wie einige Bewerber so sicher sein können, dass sie „alle Anforderungen erfüllen“. Das ist eine sehr mutige Aussage, die ich mir selbst nie erlaubt hätte!

Eigentlich beginnt die Stellensuche mit dem Beginn des Studiums. Wer ein bestimmtes, nachvollziehbares Ziel verfolgt hat, kann eine schlüssige Bewerbung vorlegen. Oft ist es weniger wichtig, worauf sich ein Kandidat im Studium spezialisiert hat, als vielmehr, dass überhaupt eine klare Linie erkennbar ist. Einige Bewerbungen zeigen einen Mangel an Entschlusskraft, das ist keine Empfehlung. Auslandsaufenthalte, Aktivitäten neben dem Studium wie z.B. Fachschaftsarbeit, politisches Engagement oder Mitwirkung in einem Orchester sind dagegen positive Signale.

Eine gute Bewerbung ist übersichtlich, sachlich und informativ. Ich kann daraus leicht erkennen, **wer** sich bewirbt, mit welcher **Qualifikation**, welchem **Ausbildungsgang**, welchen **Prüfungsresultaten**, welchen **speziellen Interessen** und welchem **privaten Hintergrund**. Ein **Foto** erleichtert es, sich nach der Vorstellung mehrerer Kandidaten zu erinnern. Wenn jemand in die engere Wahl kommt, versuche ich, **Empfehlungen** einzuholen, selbstverständlich nur mit seinem Einverständnis. Dabei interessiert mich der Meister einer Werkstatt, in der der Student früher einmal als Aushilfe gearbeitet hat, viel mehr als ein Nobelpreisträger, mit dem er einmal gemeinsam Taxi gefahren ist.

Für das Vorstellungsgespräch gilt sinngemäß das gleiche. Es ist peinlich, wenn sich ein Bewerber in irgendeiner Richtung verstellt, er sollte – auch äußerlich – als der erscheinen, der er ist. Nur dann kann er überzeugend wirken.

Wer nach einem nicht zu langen Studium der Informatik oder Softwaretechnik einen brauchbaren Abschluss vorzuweisen hat, wird keine große Mühe haben, Angebote zu bekommen. Er muss also auswählen, was für ihn das beste ist. Personalchefs sind – aus gutem Grunde – misstrauisch. Die Bewerber sollten nicht weniger misstrauisch sein, auch für sie ist eine Fehlentscheidung nicht ganz leicht und vor allem nicht mehrfach korrigierbar, häufige Stellenwechsel erwecken den Verdacht der Unstetigkeit. In der Industrie wird laufend und mit steigendem Tempo umorganisiert, schon Tage nach dem Bewerbungsgespräch können die Informationen überholt sein, so dass sich die Strukturen oft schon beim Dienstantritt ganz anders darstellen. Dagegen gibt es keine Versicherung. Der vorsichtige Kandidat wird sich darum nach dem *Umfeld* seiner Stelle erkundigen, und er wird in jede mögliche Richtung fragen, fragen, fragen.

Die zuverlässigsten Informanten sind nicht die Chefs, sondern die zukünftigen Kollegen, vorausgesetzt, man kann sie unter vier Augen sprechen. Diese Gelegenheit sollte man mit großem Nachdruck suchen. Gruppenstrukturen und Chefs wechseln rasch, das Betriebsklima und der allgemeine Umgang mit den Menschen sind dagegen meist recht stabil, sie sind, positiv oder negativ, verlässlich.

Das alles gilt auch für Stellen in der Hochschule, denn der freundliche Dozent aus der Vorlesung muss nicht unbedingt auch für jeden Kandidaten der richtige Chef sein (und umgekehrt).

10. Literatur

Die folgende Liste enthält neben den im Text zitierten Arbeiten zwei Bücher, die sich speziell mit dem Thema des wissenschaftlichen Arbeitens (Rückriem, Stary, Frank, 1997) oder des wissenschaftlichen Schreibens (von Werder, 1993) befassen. Dazu kommt das Buch von Rechenberg (2003) über technisches Schreiben.

Buchberger, E. (1986): Informationsvorträge vorbereiten und halten. **Aus Pädagogik u. Unterrichtstechnik**, Heft 8, 5. Aufl., SIEMENS AG, Berlin, München.

Frühauf, K., J. Ludewig, H. Sandmayr (2002): **Software-Projektmanagement und -Qualitätssicherung**. vdf Hochschulverlag, Zürich, 4. Aufl., ISBN 3728128228

Halmos, P.R. (1977): **Wie schreibt man mathematische Texte**. (Übersetzung des englischen Originals „How to write mathematics") Teubner, Leipzig. *(nicht mehr verfügbar)*

Ludewig, J. (2003): Models in software engineering – an introduction. **Software and Systems Modeling**, Vol. 2 (1) 5–14. Korrigierter Nachdruck in **Informatik, Forschung und Entwicklung**, 18, 3–4 (April 2004), 105–112.

Luft, A.L. (1988): **Informatik als Technikwissenschaft**. BI Wissenschaftsverlag, Mannheim. ISBN 3860259075. *(vergriffen)*. Vgl. dazu: Informatik als Technikwissenschaft, Thesen zur Informatik-Entwicklung. Informatik Spektrum 12(5): 267–273 (1989)

Parnas, D.L., P.C. Clements (1986): A rational design process: how and why to fake it. **IEEE Transactions on Software Engineering SE-12**, 2, 251–257.

Poenicke, K., I. Wodke-Repplinger (1988): **Wie verfaßt man wissenschaftliche Arbeiten?** Duden-TB 21, Dudenverlag, Mannh., 2. Aufl., ISBN 3411027517

Rechenberg, P. (2003): **Technisches Schreiben – (nicht nur) für Informatiker.** Hanser-Verlag, München, Wien, 2. Aufl., ISBN 3446224726

Reiners, L. (1990): **Stilfibel. Der sichere Weg zum guten Deutsch.** C.H.Beck, München, ISBN 3406345794

Rückriem, G., J. Stary, N. Frank (1997): **Die Technik des wissenschaftlichen Arbeitens: eine praktische Anleitung.** UTB, F. Schöningh Verlag, Paderborn, 10. Aufl., ISBN 3825207242. (2001 ist unter ähnlichem Titel ein Buch der beiden ersten Autoren mit einer CD für Windows erschienen.)

Schneider, W. (1999): **Deutsch für Profis**. Goldmann, München, ISBN 3442161754

von Werder, L. (1993): **Lehrbuch des wissenschaftlichen Schreibens**. Schibri-Verlag, Milow/Berlin, ISBN 3928878042

Bruno Jenny

Prüfungsvorbereitung – aber richtig!

Tips vom Prüfer

2000, 172 Seiten, zahlreiche Abbildungen, inkl. Tabellen, Pläne und Logik-Trainer, Format 11 x 19 cm, broschiert
ISBN 3 7281 2746 9

Das Buch versucht mit Hilfe von 17 einfachen Regeln, die Lernmethodik von Prüflingen zu verbessern und zu hinterfragen. Zudem wird gezeigt, auf welche Punkte man während der Prüfung achten sollte. Das heisst, es wird aufgezeigt, wie sich Kandidaten taktisch verhalten sollen, um eine Prüfung erfolgreich bestehen zu können. Dies ist insbesonders wichtig, da die meisten Kandidaten nicht infolge fehlenden Fachwissens scheitern, sondern daran, dass sie speziell bei der schriftlichen Prüfung nicht wissen, mit welchen Methodiken/Verhaltensweisen sie am besten zum Ziel kommen. Werden die aufgeführten Regeln befolgt, so garantiert der Autor eine Steigerung der Abschlussnoten bis zu zwei Zehnteln oder mehr.

Das Büchlein ist bewusst in lockerem Stil geschrieben und versucht, die trockene Materie nicht allzu ernst zu nehmen.

Eine Besonderheit sind die sogenannten "Expander", in denen der Leser sein logisches Denken und seine Kurzzeitgedächtnisfähigkeiten testen und trainieren kann.

Die 17 Kapitel sind logisch und in sich geschlossen aufgebaut. Das heisst, dass die einzelnen Kapitel je nach Bedürfnis oder Lust und Laune gelesen werden können. Damit eignet sich das Büchlein gut als "Bettlektüre" für die (schlaflosen) Nächte vor dem Tag X.

---

v/d/f vdf Hochschulverlag AG an der ETH Zürich, ETH Zentrum,
CH-8092 Zürich, Tel. 0041 (0)1 632 42 42, Fax 0041 (0)1 632 12 32
E-mail: verlag@vdf.ethz.ch, Internet: www.vdf.ethz.ch